13歳から分かる！

THE SEVEN HABITS OF
HIGHLY EFFECTIVE PEOPLE

7つの習慣

自分を変えるレッスン

監修
「7つの習慣」編集部

イラスト
大西 洋

日本図書センター

はじめに

世界中で読まれるベストセラー

1989年、アメリカで1冊の本が刊行されました。成功を手に入れ、充実した人生を送るための方法を紹介した『7つの習慣』です。著者スティーブン・R・コヴィー氏によって書かれたこの本は、あっという間にベストセラーとなり、1996年には日本語版が登場。いまでは44か国語に翻訳され、4,000万部もの大ヒットとなりました。刊行から30年以上たったいまも、多くの人々に影響を与え続けています。

なにを手に入れることができるのか

ところで、その書名にもなっている"7つの習慣"とは、いったいどんなものなのでしょうか。"7つの習慣"をとおして、わたしたちはいったいなにを手に入れることができるのでしょう?

先ほど、「成功を手に入れ、充実した人生を送るための方法」と言いましたが、ここで言う「成功」とは、単にお金持ちになるとか、仕事で

出世をするとか、まわりのライバルに勝つというような表面的なことではありません。人生において本当に大切だと思うものは、ひとりひとりちがうはず。それを見きわめ、手に入れて、心の底から充実感を得る。『7つの習慣』では、それを「成功」と呼んでいます。

　よのなかには、成功を手に入れるための本が、数えきれないほど存在します。「これならかんたんにできそうだ」と思えるテクニック集のようなものも、なかにはあります。でも、本当の意味での成功は、小手先のテクニックだけでは決して手に入れることはできません。

　コヴィー氏は、こう言っています。

本当の成功を手に入れるためには、人格をみがかなくてはいけない。そして、わたしたちの人格は、習慣によってつくられる。

　つまり、"7つの習慣"とは「人格」をみがくための習慣であり、人格をみがくことで、わたしたちは「本当の成功」を手に入れることができる、というわけです。

『７つの習慣』には文字どおり、身につけるべき習慣が７つ示されているわけですが、とくにおもしろいのが、第１の習慣から順に積み上げることで全体の効果が高まる、という点です。ある習慣は土台になり、ある習慣はその土台の上で大きな効果を発揮し、またべつの習慣は全体を補強している、というようにおたがいに関係しあって、その人を大きく成長させてくれるのです。７つの習慣は、まるで化学反応を起こすように、その人を成功へみちびいてくれます。

13歳でも分かる入門書

　本書は、そんな"７つの習慣"を、より多くの人に知ってもらうための１冊です。原書のエッセンスをぎゅっと煮つめ、13歳でも分かるようなやさしい文章でまとめました。ただし、キーフレーズや重要なポイントはしっかり押さえているので、読み応えは十分です。また、ユーモアたっぷりのイラストや、ふんだんに盛り込んだ分かりやすい事例が、

みなさんの目を楽しませ、理解を助けてくれるはずです。

　さらに、各章の冒頭には、それぞれの習慣の理解を深めるために、ちょっとしたものがたりを差し挟みました。

　ものがたりに登場する主人公は、どこにでもいるふつうの青年。彼は夢を持って働きはじめますが、すぐに厳しい現実にぶつかります。

「飛び込んでみたら、自分の期待していたものとはちがった」

「まわりの人と折りあわない」

　……こんな悩みは、きっと年齢、性別、場所を問わず、だれもが一度はぶつかる壁ではないでしょうか。幸いにも青年は、ある日１人の老人と出会い、“７つの習慣”を身につけはじめます。いったいどんな変化がもたらされるのでしょうか？

　本書は、７つの習慣それぞれを、老人のレッスンのような形で説明していきます。どうぞみなさんも、青年と一緒に“７つの習慣”を学び、課題をひとつひとつクリアしていく喜びを感じながら、最後まで読み進んでいってください。

『７つの習慣』編集部

目次

| はじめに | 002 |

| プロローグ | パラダイムシフトと
インサイド・アウト | 011 |

Story いつもどおりの朝が来た ……………………… 012

青年と老人、初めて言葉を交わす ……………… 013

老人に "7つの習慣" を教わる ………………… 014

「パラダイムシフト」でうまくいく自分になろう ……… 018

「インサイド・アウト」で自分から変わる ………… 023

第 1 の習慣　主体的である　027

Story　青年、ついカッとなる 028

「一時停止ボタン」で刺激に対する行動を選ぼう 030

自分の力で変えられる「影響の輪」を意識しよう 035

第 2 の習慣　終わりを思い描く
　　　　　　ことから始める　041

Story　青年、進むべき道に迷う 042

まず「ゴール」を決めて正しい方向に向かおう 044

ブレない自分になるために「原則」を持とう 048

第 3 の習慣　最優先事項を
　　　　　　優先する　053

Story　青年、時間に追われる 054

行動を「4つの領域」に分けて優先順位をチェックする 056

「緊急ではないけれど、重要なこと」のための時間を
増やそう 063

コ ラ ム

▌土に根を張るための習慣と、
空へ広がるための習慣（私的成功と公的成功） ·············· 068

▌「信頼口座」に信頼をためて人間関係を育てよう ········· 070

第4の習慣 ┊ Win-Winを考える 075

Story 青年、新しいメニューを考える ···························· 076

同僚と意見がぶつかる ································· 077

相手にも、相手のめざすゴールがある ··············· 078

▌人間関係には「6つの形」がある ··············· 080

▌自分も相手も納得できる「Win-Win」をめざそう ······· 085

▌うまくいかないときは「No Deal」を選ぶ ············· 087

第**5**の習慣 | まず理解に徹し、そして理解される 089

Story 青年、思いを理解してもらえない ……………… 090

▌「聞き上手」になって相手の本音を理解しよう ……… 092

▌「共感」しながら相手の話を聞こう ……………… 094

▌まず相手を理解して、それから理解してもらう ……… 099

第**6**の習慣 | シナジーを創り出す 103

Story 青年、妥協するかどうかを考える ……………… 104

▌シナジーを創り出して「第3の案」を見つける ……… 106

▌うまくいかないときは「抑止力」を取り除く ……… 112

第**7**の習慣 　刃を研ぐ 　　　　　　　　　　　**115**

Story 　青年、旅立ちを決意する ———————————— **116**

自分をみがいてレベルアップを続けよう ———— **118**

未来の自分に「投資する」と考える ————————— **125**

Story 　青年、村に帰る ———————————————— **128**

覚えておきたい！ 『7つの習慣』キーワード集 ——— **130**

おわりに ———————————————————————— **134**

プロローグ

パラダイムシフトと
インサイド・アウト

いつもどおりの朝が来た

　ある村のパン屋で、朝早くから職人たちが働いている。

「おい小僧、こんなこともできないでどうする！　何年やって
るんだ？」

　大きな声でどなっているのは、この店を取りしきる親方だ。

「でもぼく、まだその仕事をちゃんと教わってないし……」

　どなられてふてくされている青年が、このものがたりの主人
公。この店に来てもうすぐ2年目になる若い職人だ。

「おーい、倉庫から小麦粉と砂糖を出してきてくれ。それから、

売り場の片づけも急げ！」

　遠くから声をかけているのは、青年の３つ年上の先輩だ。

「え、でもそれは先輩の仕事じゃ……」

「つべこべ言ってないで手を動かせ。店を開けるぞ！」

　また、親方のどなり声がなりひびく。

　やっと店にパンが並ぶころ、村の常連客たちがやってきた。まず入ってきたのは、あごに白ひげをたくわえた老人だ。

「おはよう。いつものパンを４つ頼む」

「まいど、今日も早いね」

　親方は老人とあいさつを交わした。彼は店の古い常連客。このものがたりのカギをにぎる人物だ。

　売り場は、あっという間に常連客たちでいっぱいになり、いつもどおりのにぎやかな１日が始まった。

青年と老人、初めて言葉を交わす

　午後２時。職人たちが交代で休憩を取る時間だ。青年は、店から少し坂をのぼった丘の上に立つと、今朝のことを思い出しながら大きなため息をついた。

「ずいぶん大きなため息だね」

　声をかけられて振り向くと、あの常連客の老人が立っていた。

「ああ、どうも……」

　青年が答えると、老人は言った。

「ここは、ながめがいいね」

「ええ……」

「きみはパン屋の職人だね。ずいぶん沈んでいるようだが、仕事がうまくいっていないのかい？」

　青年は、客にまでうまくいっていないのを見透かされているのかと、うんざりした気持ちになった。

「うまくいかないのは、ぼくのせいじゃありませんよ」

そして、心のなかにたまっていたモヤモヤを老人にぶつけた。

「親方が丁寧に教えてくれさえすれば、ぼくだってもっとうまくできるんです。それに、先輩が仕事を押しつけてこなければ、もっと早くこなすことだって……。もううんざりです」

　青年が話し終えると、老人が言った。

「なるほど。それはうんざりだね。うまくいかないことは、だれにでもあるさ。でも、知っているかい？　うまくいかないことをうまくいくように変えるのだって、だれにでもできることなんだ」

　老人は、うたがうような顔の青年を見ると、ポケットからメモ帳と鉛筆を取り出した。

老人に"７つの習慣"を教わる

「よし、それじゃあわしがいいことを教えてやろう」

　老人はメモ帳になにか書き込んで、青年に手渡した。

「なんですか、これは」

　メモ帳には、"７つの習慣"と題された７行のリストが書か

7 つ の 習 慣

第1の習慣　主体的である

第2の習慣　終わりを思い描くことから始める

第3の習慣　最優先事項を優先する

第4の習慣　Win-Winを考える

第5の習慣　まず理解に徹し、そして理解される

第6の習慣　シナジーを創り出す

第7の習慣　刃を研ぐ

れていた。

「見てのとおり、"７つの習慣"だよ」

「なんだかずいぶん難しそうですね。正直、書いてあることの意味がよく分かりません」

「そうかい？　でも、この"７つの習慣"を身につければ、うまくいかないことをうまくいくように変えることができるんだ。つまり、きみの人生はきみの力で変えられるんだよ」

「たった７つで？　本当ですか？」

「ああ、本当さ」

　青年は、しばらく考えてから言った。

「ぼくにもできるでしょうか？」

「もちろん、きみにもできるさ。いつもだれかのせいにしていたのでは、人生はつまらん。自分の人生は、自分の力で変えるんだよ」

「もう少しくわしく教えてもらえますか？」

　老人は、態度をやわらげた青年を見て、言った。

「よし、それじゃあまずは、"７つの習慣"を身につけるために必要なことを、２つ教えよう。パラダイムシフトと、インサイド・アウトと言うんだが——」

　こうして青年は、老人に"７つの習慣"を教わることになったのだ。

「パラダイムシフト」で
うまくいく自分になろう

▶「人格」をみがいて、自分を幸せにする

ものがたりの青年は、いま高い壁にぶつかっているようですね。でも、それは当たり前のこと。生きていればだれだって、うまくいかずに苦しんだり、モヤモヤとした悩みから抜け出せなかったりするものです。

そんなときに、**あなたを本当の意味で成功にみちびいてくれるもの、それは、その人自身の「人格」です。そして、先ほど老人が挙げた"７つの習慣"は、この人格をみがくための方法です。**

ここではまず、わたしたちが"７つの習慣"を自分のものにするために必要なことを２つ、押さえましょう。

▶ 自分の「パラダイム」を理解する

「"７つの習慣"を自分のものにするために必要なこと」の１つ目、それは「**パラダイムシフト**」です。

パラダイムとは、「ものの見方」という意味です。

わたしたちは、ひとりひとりがそれぞれちがった環境で生まれ、ちがった経験や知識を積み重ねます。そして、そのたびに、なにかを感じ、考え、判断することで、その人独自のものの見方をつくっていきます。

１つ事例を見てみましょう。

　女の子と男の子が、道で１匹の犬と出会った。女の子は犬を飼った経験があったので、初めて出会う犬のことも「かわいい」と感じ、頭をなでた。でも男の子は、犬にかみつかれたことがあった。だからそのとき出会った犬のことも「おそろしい」と感じ、できるだけ距離をおいて通りすぎた。

　この事例は、犬についての経験や知識がちがうと、道ばたで出会った同じ１匹の犬の見え方までちがってくる、ということを示しています。
　ものの見方は人それぞれ。ところが本人は、その見え方が「自分の経験や知識によってつくられた、自分独自の見え方」だとは気づかず、自分の見たものが「本当の姿」だと思い込んでしまうのです。

▶「パラダイムシフト」でよい結果を引き寄せる

　もしもあなたがいま、なんとなくうまくいっていないと感じているなら、あなたのパラダイムがそれを引き寄せているのかもしれません。

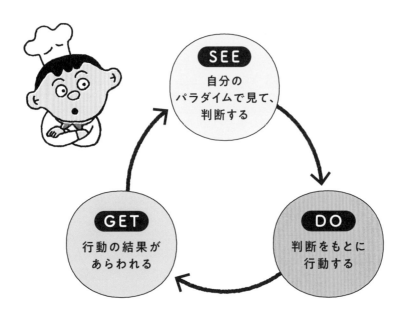

　上の図を見てください。こんなふうに、あなたのものの見方（SEE）はあなたの行動（DO）を決め、そして、その行動が結果（GET）を引き寄せます。つまり、**「なんだかうまくいかないな」と思ったら、それを「うまくいっている」状況に変えるには、ものの見方を変えるしかないのです。**

　ものの見方を変えること、これを「**パラダイムシフト**」と呼びます。

　わたしたちは、ものごとをあるがままに見ることはできません。なぜなら、生きてきた環境や経験によってパラダイムがつくられ、無意識のうちにかたよった見方をしてしまうからです。そのかたよりを小さくし、できるだけ正しい姿をとらえ、よい結果を引き寄せるために、パラダイムシフトが必要なのです。

　ものの見方を変えると、判断や行動も変わります。そしてその結果、

大きな変化を引き寄せてくれます。

▶「原則」にもとづいたパラダイムに変えていく

　では、わたしたちはどのようにパラダイムシフトを起こせばよいのでしょうか？　もちろん、ただやみくもに、ものの見方を変えればいいというわけではありません。

　わたしたちが起こすべきパラダイムシフト、それは「原則」にもとづいたパラダイムシフトです。原則というのは、人がもともと「こうありたい」と願っている自然な望みで、「誠実」「公正」「貢献」「可能性」「成長」などがあります。

　だれだって、うそをつくよりは正直でいたいし、ズルをするよりは公正でいたいし、だれかを苦しませるよりは役に立ちたいと思うはずです。ふだん意識していなくても、人はそんな自然な望みにもとづいて生きていたいと思っているのです。

　そして、自然な望みに従って行動した人ほど、大きな成功を成しとげ、幸せで充実した人生をすごすことができます。このことは、歴史を振り返っても明らかです。

　自分のものの見方を原則に近づけていく。それが、起こすべきパラダイムシフトなのです。

▶見えている世界を大きく変える！

さて、ここでちょっとおもしろい実験を
してみましょう。右の絵を見てください。

あなたには、この女性が何歳くらいに見
えますか？　「20代くらいの若い女性」と答
えた人は、もしだれかに「いやいや、80歳
くらいのおばあさんに見えるよ」と言われ
ても、ちょっと信じられませんよね。

逆に、「おばあさんに見える」と答えた人
は、「若い女性」という答えにとまどうはず
です。

では、下の2枚の絵を見てください。じつは先ほどの絵は、見方に
よって若い人にも、おばあさんにも見える絵なのです。

いったん思い込んでしまったら、そのパラダイムを変えるのは難しい
もの。でも、パラダイムシフトが起きると、あなたの見えている世界は、
こんなに大きく変わってしまうのです。

若い女性

おばあさん

「インサイド・アウト」で自分から変わる

▶まわりの環境や相手を変えることはできない

つぎに、「"7つの習慣"を自分のものにするために必要なこと」の2つ目をお伝えしましょう。それは、「**インサイド・アウト**」です。

「インサイド」は自分の内側を、「アウト」はまわりの環境や相手を意味しています。**つまり「自分のなかでパラダイムシフトを起こして、環境や相手に影響を与えていく」ということです。**

苦しい状況に置かれたとき、人はつい、「もっと環境が整えば、自分の力を発揮できるのに」とか「相手が考え方を変えてくれれば、うまくいくのに」というふうに、環境やまわりの人を変えたいと考えてしまうものです。でも、そんなことはだれにもできません。

まわりを変えるたった1つの方法、それは、まず自分の内側から変わることだけなのです。

こんなふうに、まず、あなたが変わる。それによって、あなたの影響を受けたまわりの人や環境も、変化していくかもしれません。

▶ 自分から変わることで、まわりが変わる

さて、パン屋の青年は、老人から"7つの習慣"の土台になるパラダイムシフトとインサイド・アウトについて教わったあと、いったいどうなったでしょうか。

Story

青年はこれまで、うまくいかないことは全部まわりのせいだと考えていた。ところが老人の話を聞きながら、「もしかしたら、自分しだいでなにかを変えることができるかもしれない」と考えはじめていた。

老人の話を聞き終えたとき、青年はこう決心した。

「親方にどなられても、言いわけしたり、くよくよしたりするのはやめよう。分からないことは教えてほしいとお願いすればいい。先輩になにを言われたって、気にせず自分の仕事を一生懸命やって、腕をみがくんだ！」

　青年は、自分を「人生の主人公」ととらえ直し、自分から変わろうとしはじめたのだ。

　さっきまでずっしりと心にのしかかっていたモヤモヤが、いつのまにか軽くなり、午後の仕事が楽しみになっていた。

　青年は、ものの見方を、「まわりのせいでうまくいかない」というものから、「自分を変えれば、うまくいくかもしれない」というものに変えようとしています。これをきっかけに、彼自身と彼のまわりの世界はゆっくり変化を始めます。

［プロローグ］のポイント

☑「パラダイムシフト」で見方を変える

　人は無意識のうちにかたよった見方をしています。「パラダイムシフト」を起こすことで、そのかたよりを小さくし、正しい姿をとらえることができるようになります。

☑「インサイド・アウト」で自分の内側から変える

　まわりの環境や相手を変えることはだれにもできません。できるのは、自分の内側から変わり、まわりに影響を与えていくことだけです。

第 1 の習慣

主体的である

青年、ついカッとなる

　パン屋の厨房では、今日も職人たちが慌ただしく働いている。青年は「自分から変わるんだ」という決心を胸に、新たな気持ちで仕事に取り組んでいた。

　あるとき、先輩の足が青年の足に引っかかった。青年はパンの形を整えていた手元をくるわせた。

「相変わらず下手くそだな」

　青年は決心を思い出して仕事にもどった。ところが……

「さっき言った棚の整理、いつやるんだ？　配達の時間もそろそろだろ。そんなのろまじゃ、追いつかないぞ」

　先輩のしつこさに、青年はついカッとなって声を張り上げた。

「じゃあ、自分でやってくださいよ！」

　先輩は、ニヤッと笑ってこう言った。

「それが先輩に向かってきく口か？」

「おい小僧、なにやってる。手を動かせ！」

　そのとき、親方がどなり声を上げた。結局、いつものパターンに逆もどりだ。

　休み時間、様子を見にきた老人は、青年の話を聞いて言った。

「なるほど。さっそく決心がくじかれてしまったな」

「ええ。だって、どうすればいいんです？　先輩は明らかに、わざとやったんです。ぼくが腹を立てたのは、先輩のせいだ。ぼくにはどうすることもできなかった」

「うむ。人間はもともと、まわりに影響されやすいものだ。でも、だからこそ……」

「だからこそ、どうしろと言うんです？」

　興奮が収まらない青年に、老人は言った。

「まわりに流されてはいけないんだよ。感情に流されて行動するのではなく、自分の意思で行動を選ぶんだ」

「自分の意思で……？」

「うむ。さっそく第１の習慣を学ぶときが来たようだね」

　第１の習慣というのは、老人から教わった"７つの習慣"のうちの１つ目のことだ。

　青年はポケットから、老人にもらったメモを取り出した。

第1の習慣　主体的である

「"**主体的である**"――どういうことでしょう」

「よし、続きはあとだ。そろそろ休み時間が終わるんじゃないかね？　帰りにうちへ寄りなさい。ゆっくり話そう」

　青年は、はやる気持ちを抑えながら、午後の仕事にもどっていった。

「一時停止ボタン」で
刺激に対する行動を選ぼう

▶ 主体的な行動は、人間だけの特権

　ものがたりの青年は、先輩に言われたことに反応して、感情に任せて言葉を投げ返していましたね。そして、そんな自分の態度を「相手のせいだ」と言っていますが、本当でしょうか？

　みなさんは、「パブロフの犬」の実験を知っていますか？

　むかしパブロフという学者が、犬のだ液の量を調べる実験をしました。パブロフ博士は、「エサを与える前にベルを鳴らす」と決め、エサを与えるたびに、それをくり返しました。はじめ、犬はエサを見てからだ液をたらしていました。ところがしばらくすると、ベルの音を聞いただけでだ液をたらすようになったのです。

　つまり、犬はベルの音という「刺激」を受けただけで、無意識のうちに、だ液をたらすという「行動」をしたわけです。これは**「反応的な行動」**です。

「相手がこう言ったから、自分はこう行動した」というのは、パブロフの犬と同じ、反応的な行動です。そこに自分の意思はありません。でも人間は、自分の意思を持って行動することができます。それが「**主体的な行動**」です。

よく聞く言葉ですが、あらためて考えてみましょう。"主体的である"とは、いったいどういうことでしょうか。どうすれば、主体的に行動できると思いますか？

▶「どう行動すればよいか」と考える

下の絵を見てください。２パターンの行動のしかたを示しました。絵のなかの「刺激」というのは、あなたの身のまわりで起こることです。

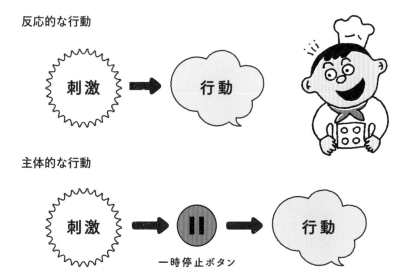

１つ目に示した「反応的な行動」は、刺激と行動のあいだにはなにも
なく、刺激に対して無意識のうちに行動しています。

　そして、２つ目の「主体的な行動」は、刺激を受けたあとに、心のな
かで**一時停止ボタン**を押しています。刺激と行動のあいだにちょっと考
える間を取っているのが、１つ目の「反応的な行動」と大きくちがうと
ころです。

　**人は、一時停止ボタンを押しているあいだに「どういう行動をすれば
よいか」と考えて、主体的に行動を選ぶことができるのです。**

　ある男性が道を歩いていると、突然こどもがぶつかってきた。そ
の瞬間カッとなって、文句を言いたくなったが、男性はひと呼吸お
いて、こう考えた。

　「わざとではないんだから、文句を言うのはやめよう。でも、人に
迷惑をかけるのはいけないこと。そのことだけは伝えなくちゃ」

　男性はこどもを呼び止めると、「人に迷惑をかけないように、気
をつけなくちゃいけないよ」と落ちついて注意をして、その場を
去った。

このことを頭に置いて、パン屋の青年の行動を振り返ってみましょう。彼にだって、本当は主体的な行動を選ぶことができたはずです。その場はだまってやりすごしたほうが、仕事をスムーズに進めることができたかもしれません。自分の言い分を相手に伝えたいのなら、冷静に言葉を選ぶべきだったのではないでしょうか。

自分の行動の責任は自分にある。それを忘れないでいるのが、"主体的である"ということなのです。

▶ 主体的に行動して、人生の主人公になろう

みなさんが「一時停止ボタン」を押して主体的に行動したとしても、反応的に行動したときと、結果が変わらないことがあるかもしれません。でも、その意味はまったくちがいます。

反応的な行動

　新しいスカートを新調しようと、買い物に出かけたある女性。ところが、好みのスカートが見つからないうちに、美しい色のマフラーを見つけた。

「いいマフラーだなあ、すごく欲しい！」

　彼女はすぐにそのマフラーを買った。

主体的な行動

　新しいスカートを新調しようと、買い物に出かけたべつの女性。彼女も、好みのスカートが見つからないうちに、美しい色のマフラーを見つけた。

「いいマフラーだなあ、すごく欲しい！」

　女性は、一度立ち止まって考えた。

「ここでお金を使ってしまったら、あとで欲しいと思ったスカートを買えなくなるかも。それでも買うべき？」

　そして「それでも欲しい」と納得してからマフラーを買った。

　2人とも、最後にはマフラーを買っています。結果は同じ。でも、結果にたどりつくまでの道すじがぜんぜんちがいますよね。

　最初の女性は、刺激に対して感じたままに行動しました。これに対して2人目の女性は、心のなかで「一時停止ボタン」を押して、主体的に行動を選びました。

　あとで欲しいと思ったスカートを買えなくなってしまったら、最初の女性はマフラーを買ったことを後悔するかもしれません。でも、2人目の女性は、納得してあきらめることができるはずです。

　こんなふうに、「一時停止ボタン」を押して選んだ「主体的な行動」を積み重ねることで、わたしたちは、まわりに振りまわされず、人生を自分のものにすることができるのです。

自分の力で変えられる 「影響の輪」を意識しよう

▶ 自分の力で変えられること・変えられないこと

　さて、"主体的である"ための方法をもう１つ紹介しましょう。

　ここまで、「自分の行動は自分で選ぶことができる」ということをお伝えしてきました。言いかえれば、「自分の行動は自分の力で変えられる」ということです。でも、ものごとには、自分の力で変えられないものもあります。そして、**主体的でない人ほど、変えられないものに時間とエネルギーを注いでしまっていることが多いようです。**

　36ページの図を見てください。

　ある若者が関心を持っていることが、「**関心の輪**」という輪のなかに入っています。どれも、時間をかけて考えたり、エネルギーをかたむけたりしていることばかりです。

　これらの関心事のうち、彼が影響を与えることができること、つまり自分の力で変えられることを、「**影響の輪**」という、ひとまわり小さな輪のなかに入れました。

　「関心の輪」のなかにあるけれど「影響の輪」の外側にあることは、「関心は持っているけれど、自分の力で変えることはできない」ということになります。

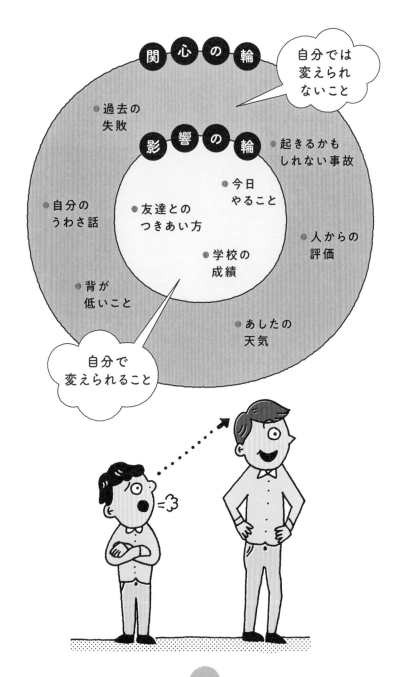

こうして見ると、この若者は「影響の輪」の外側のことに、ずいぶん時間とエネルギーを注いでいるようですね。

でも残念ながら、**「影響の輪」の外側のことにどんなに時間とエネルギーを注いでも、状況はよくなりません。**自分の力ではどうにもならないことにくよくよ悩んだり、腹を立てたりするなんて、まったくムダなのです。

みなさんも、自分の関心事が「影響の輪」のなかにあるのか、外側にあるのか、考えてみてください。

▶「影響の輪」を大きくふくらまそう！

自分の行動を主体的なものに変えていくためには、できるだけ多くの時間とエネルギーを、「影響の輪」のなかのことに注がなくてはいけません。そうすることで、「影響の輪」を大きくすることができるのです。

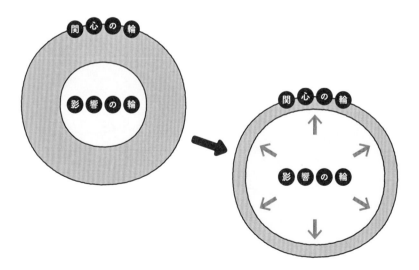

「影響の輪」が大きくなればなるほど、わたしたちは自分の未来をコントロールして、よいものに変えていくことができます。あなたの「影響の輪」は、いまどんな大きさですか？　これからは、ぜひ自分の力で変えられることだけにエネルギーを注いで、「影響の輪」を大きくしていってください。

青年は、感情がたかぶったときにはいったんその場をはなれて、気持ちを落ちつけてから、つぎの行動を選ぶようにした。言うべきことはその場で言い返すのではなく、あらためて時間をつくり、冷静に伝えた。

それから、自分の力ではどうにもならないことには時間をかけな

いように意識した。たとえば、パンづくりが下手くそなのも、仕事が遅いのもしかたがない。それをくよくよ気にすることに時間をかけるのはやめた。そのかわりに、人よりたくさんパンをつくって腕をみがくことに時間をかけた。親方を手本にしながら、仕事のスピードを上げるための研究も始めた。

それ以来少しずつ、親方のどなり声も、先輩のいやがらせも、気にならなくなっていった。腕をみがくのに忙しくて、それどころではなくなったのだ。

▶ 自分との約束を守る

主体的に生きるには、自分を律する力が必要です。そのためにぜひ心がけてほしいのが、自分との約束を守る、ということです。

たとえば「毎朝６時に起きる」「笑顔であいさつする」などといった、ささいなことでかまいません。「まずは30日だけチャレンジしてみる」というふうに、期間を区切ってみてもよいでしょう。とにかく、どんな小さなことでもいいので、できそうなことから実行してください。

そうしているうちに、「わたしは責任を果たす、誠実な人間だ」という自信がわいて、自分を信頼できるようになっていくはずです。

「自分は責任を果たす人間だ」と感じることは、"主体的である"ための土台になります。そして、この第１の習慣は、これから学んでいくすべての習慣の基礎になります。

［第1の習慣　主体的である］のポイント

☑ 「一時停止ボタン」を押して行動を選ぶ

　主体的であるための1つ目の方法は、刺激を受けたときに心のなかで一時停止ボタンを押すことです。反応的に行動するのでなく、どう行動するかを主体的に選ぶことができます。

☑ 「影響の輪」に入ることにエネルギーを注ぐ

　2つ目は、関心事が影響の輪に入るかどうかを考える、という方法です。影響の輪に入ることだけにエネルギーを注ぎましょう。

第 **2** の習慣

終わりを思い描く
ことから始める

青年、進むべき道に迷う

　休みの日、青年は勉強のため、となり町までパン職人のコンテストを見物しにきていた。会場にはたくさんのパン屋が屋台を出して、客に声をかけている。まるでお祭りさわぎだ。

「シチューを包んだめずらしいパンだよ、食べてって！」

「うちのは、お祝いごとにぴったりのパンだよ！」

　青年の目はかがやいていた。見たこともないような形、斬新な食材の組みあわせのパンであふれていたからだ。

　コンテストに出品されたパンも、おどろくようなアイデアがつまったものばかりだった。大賞は、パンで立派な城をつくり上げた職人が取った。青年には考えもつかないものだった。

　──パンの世界はこんなに広かったんだ。

　青年の心はあせりとも不安ともつかない気持ちでざわついた。

「いつかぼくも、自分だけにしかつくれないパンをつくりたい。でも、ぼくはいったいどんなパンをつくりたいんだろう」

　帰り道、青年は老人の家を訪ねた。そして、1日のできごとをひととおり話し終えると、こう言った。

「ぼくは、目の前にたくさんの道があることに気がついたんです。でも同時に、自分の進みたい道が分からなくなってしまって……」

「きみは成長したね」

「なんのことです？」

「きみは、自分の人生は自分で決められるということを、しっかり学んだ。そしていま、『どの道を選べばいいのか』と、自分の未来について考えようとしているんだ」

　そしてこう続けた。

「**"終わりを思い描くことから始める"**。第2の習慣を学ぶ時期が来たようだね」

　青年は、老人にもらったメモを、頭のなかで思い描いた。

第2の習慣　終わりを思い描くことから始める

「これは、きみがこれからどう生きていくのかを考えるために、とても大切な習慣だよ」

「終わりを思い描く……いったい、どういうことでしょう。教えてください」

「もちろんさ。今夜はゆっくりしていけるのかね？」

　それから2人は、夜がふけるまで話し続けた。

まず「ゴール」を決めて 正しい方向に向かおう

▶設計図がないと家は建てられない

第1の習慣で、主体的に行動を選ぶ習慣を身につけた青年。ところが、進みたい道がいくつも見えたとき、どの道を選べばよいのか分からなくなってしまったようです。なぜだか分かりますか？ それは、**彼がまだ「ゴール」を描けていないからです。**

もしも家を建てようと思ったら、わたしたちはまず、設計図をつくります。設計図は、言ってみれば「めざすべきゴール」です。どんな家をつくりたいのか、完成形をイメージする。実際に家を建てはじめるのはそれからです。もしも設計図がないまま家を建てはじめてしまったら、作業は迷いの連続になってしまうでしょう。

❶思い描く

まず、頭のなかで完成形のイメージを思い描きます。

❷形づくる

つぎに、実際に
形あるものとして
つくり上げます。

　人生もこれと同じです。自信を持って道を選び、満足できる人生にするには、**まず「どういう人生にしたいのか」「どんな自分になりたいのか」というゴール、つまり人生の「終わり」を思い描くことが大切なのです。**

▶ 自分が「自分のリーダー」になる

　"終わりを思い描くことから始める" という第２の習慣を身につければ、目の前にいくつもの道があらわれたときに、自信を持って、そのうちの１つの道を選ぶことができます。まわりの意見に流されそうになったり、思いがけないできごとに出会っても、落ちついて自分を取りもどすことができます。それは、ゴールに向かって自分で自分の人生をコントロールすることができる、ということです。

　終わりを思い描くことができれば、力強く自分の人生を引っぱっていく「自分のリーダー」になることができるのです。

「ぼくは最後に、どんな職人になっていたいだろう」

　青年は考えるうちに、こどものころの記憶にたどりついた。

　食卓のまんなかにいつもおいしいパンがあり、食事のたびにみんなを笑顔にしてくれた。青年は、毎日くり返されるこの時間が大好きで、パン屋になろうと決めたのだ。

「そうだ、ぼくのつくりたいパンは、コンテストで賞をもらうようなパンじゃない。毎日あきずに食べてもらえるパンなんだ」

　青年は、自分の進む先を見すえると、つぎの日からまた、日々の仕事に精を出しはじめた。

▶ゴールのあるあみだくじ・ゴールのないあみだくじ

　さて、ここでちょっと息抜きをしましょう。

　右にあみだくじがあります。

　あみだくじはふつう、最初にスタート地点を選んで、それから道をたどりますよね。ゴールのどこかに欲しいものがある場合、本当にそこに

たどりつけるかどうか、何度目でたどりつけるのかは分かりません。

では、もっと早く・確実に欲しいものにたどりつくには、どうしたらよいでしょう？

答えは、欲しいものから逆に道をたどって、正しいスタート地点を見つけてしまうこと。

人生も同じです。**先にゴールを決めて、そこから逆に道をたどれば、「いま、なにをすればよいか」が分かるのです。**

ブレない自分になるために
「原則」を持とう

▶ 人にはいくつもの役割がある

　「自分はどんなゴールをめざせばいいだろう」そう考えはじめると、いくつものゴールが思い浮かぶ人も多いのではないでしょうか。なぜなら、**わたしたちはみんな、いくつもの役割を持っているからです。**

　たとえばある少年は、家族の長男であり、ブラスバンド部の一員であり、1年後に高校受験を控えた受験生でもあります。少なくとも、3つの役割を持っていることになります。そして、それぞれの役割ごとに「めざすゴール」があります。

　　少年が所属するブラスバンド部の大会が来月に迫っていた。ところが、その翌週には塾の模擬試験を控えていた。

　　ブラスバンド部の大会では、なんとしても優勝したかった。でも、模擬試験のための勉強も手を抜きたくない。

　　これからの1か月、大会に向けてブラスバンド部の活動に力を入れるべきか、模擬試験に向けて必死に勉強をするべきか。

　　少年は、この2つの考えに挟まれて、どうすればよいか分からなくなってしまった。

▶役割ではなく、原則を中心に考える

　この少年は、役割ごとにめざすゴールをもっていたので、どちらかを選ばなくてはいけないときに、気持ちがブレてしまいました。

　そこで必要なのが、すべての中心に置く原則です。

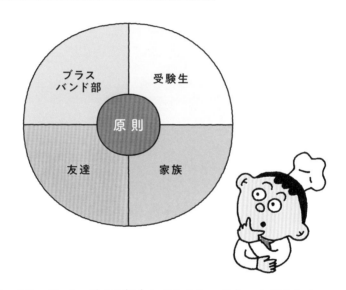

　原則については、21ページでも紹介しましたね。そう、人がもともと「こうありたい」と願っている自然な望みであり、どんなときもゆらぐことなく、価値観の根っこになってくれるものです。

　上の図のように、**原則を中心にして役割やゴールを考えることで、いくつもある選択肢を、1歩引いてながめることができます。そして全体をバランスよく考えて、自分にとっていちばんよい道を選ぶことができるのです。**

▶「ミッション・ステートメント」をつくろう！

　"終わりを思い描くことから始める"という第2の習慣を身につけるには、「**ミッション・ステートメント**」を書くのがいちばんです。

　ミッションは「使命」、ステートメントは「宣言書」という意味。つまりミッション・ステートメントとは、自分のゴールを宣言した文書のことです。

ミッション・ステートメントの例

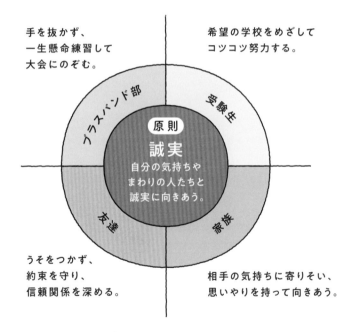

手を抜かず、
一生懸命練習して
大会にのぞむ。

希望の学校をめざして
コツコツ努力する。

ブラスバンド部

受験生

原則

誠実
自分の気持ちや
まわりの人たちと
誠実に向きあう。

友達

家族

うそをつかず、
約束を守り、
信頼関係を深める。

相手の気持ちに寄りそい、
思いやりを持って向きあう。

　内容や書き方に決まりはありません。大切なのは、自分にとっていちばん大切な原則と、自分のゴールをじっくり考え、見きわめること。そしてそれを自分の言葉で書くことです。

　さて、先ほどの少年はその後、50ページのようにミッション・ステートメントをつくりました。それぞれの役割の中心には、「誠実」という原則をおきました。

　少年は、これからの人生でいろいろな壁にぶつかることでしょう。今回のように、いくつもの役割のあいだに挟まれて、悩んでしまうこともあるかもしれません。でも、そんなときは「誠実」という原則を手がかりにして、悩みながらも自分で道を選んでいくことができるでしょう。

▶ 人生のコンパスを手に入れる

　思い描いたゴールは、人生という大きな海を渡るためのコンパスのようなものです。いつも同じ方向を指し示してくれるので、自分がいまどこにいて、どちらに向かえばよいのかを教えてくれます。

　さて、パン屋の青年も老人にすすめられて、ミッション・ステートメントをつくりはじめました。彼は何日も考えた結果、「貢献」という原則を、自分の中心にすることに決めました。1人でも多くの人を笑顔にしたい。その気持ちが、自分の原点だと気づいたからです。

　青年がこのとき思い描いたゴールは、この先何十年も、彼をみちびいてくれることになります。

［第2の習慣 終わりを思い描くことから始める］のポイント

☑ 人生の「ゴール」を決める

「どういう人生にしたいのか」「どんな自分になりたいのか」という人生のゴールを決めることで、自分の人生を力強く引っぱっていくことができます。

☑ 自分の中心になる「原則」を決める

わたしたちはいくつもの役割を持っています。そのため、すべての役割の中心に原則をすえて、ブレない価値観をつくりましょう。

第 **3** の習慣

最優先事項を
優先する

青年、時間に追われる

　自分のゴールを思い描いた青年は、どんどん忙しくなって
いった。

　日々の仕事にはますます熱が入り、自分の仕事以外も、腕を
みがけそうなことがあればなんでも進んで引き受けた。もちろ
ん、配達やこまごまとした雑用もこなさなくてはいけない。店
での仕事が終われば、夜は遅くまで勉強し、休みの日には評判
のよいパン屋を訪ねて遠くの町まで足を伸ばした。

　そんなある日の午後、配達のとちゅうで老人と会った。
「ずいぶん慌てているね。忙しいのかい？」

　老人が言うとおり、青年はとても忙しかった。２人がゆっく
り言葉を交わすのも、数か月ぶりのことだ。

「そうなんです。自分がどうなりたいか分かったら、やりたいことも、やらなくちゃいけないことも、増えてしまって」

　青年はポケットから手帳を取り出し、老人に見せた。そこには、すきまがないほどびっしりと予定が書き込まれていた。

「ほう、こんなにたくさん！」

「全部できているわけじゃないんです。寝る時間を節約してもたりなくて。とにかく忙しいんです」

「からだを休めるのも大事な仕事だよ。そうだ、今度の休みにうちへ来ないか？」

「すみません、その日はもう予定が……」

「1時間でいい。いまのきみにとって、とても役に立つ話になるはずだよ」

　青年は、老人が書いてくれたあのメモを思い出した。

第3の習慣　最優先事項を優先する

「第3の習慣——ですか？」

「そう。**"最優先事項を優先する"**だ」

　青年は、この習慣がどんなものなのか、ちょうど気になっていたところだった。

「どうだい？　来られそうかね？」

「ぜひ、うかがいます」

「たっぷり寝て、スッキリした頭で来るんだぞ」

　2人は手を振ると、それぞれの道へもどっていった。

行動を「４つの領域」に分けて
優先順位をチェックする

▶スケジュールをこなすよりも大切なこと

　自分のゴールを見きわめて、前に踏み出した青年。でも、今度は「やるべきことが多すぎて、どうしていいか分からない」という新しい悩みにぶつかってしまいましたね。

　だれにとっても、１日は24時間。やるべきことや、やりたいことがたくさんある人は、あっという間にすぎてしまいます。スケジュール帳などを使って時間を管理している人もいるでしょう。たしかに、たくさんの予定をこなすにはよい方法です。

　でも**時間を管理するというやり方には、２章で紹介した「なりたい自分」「人生のゴール」という視点が抜けています。時間に追われているうちに、大切なことを見落としてしまうのです。**

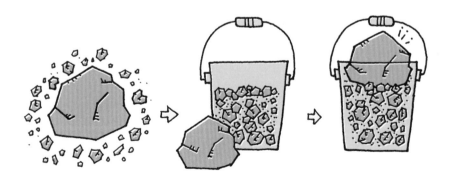

そこで、第3の習慣では、自分にとっていちばん大切なこと、つまり「**最優先事項**」を優先する習慣を身につけていきましょう。

▶最優先事項が優先！ それ以外は残った時間で

下の絵を見てください。大きな石がいちばん大切なこと、小さな石が日々のやるべきこと、そしてバケツが時間をあらわしています。

緑のバケツには、小さな石を先に入れて、そのあと大きな石を入れました。大きな石が入りきらず、はみ出してしまっていますね。

赤いバケツには、大きな石を先に入れ、そのあと小さな石を入れました。大きな石はしっかり収まり、あまった空間もむだなく使えています。

時間の使い方もこれと同じ。**まず、優先しなくてはいけないのは、あなたにとっていちばん大切な最優先事項です。**ほかのことは、残った時間で効率よくこなすのです。

　"最優先事項を優先する"ために、まず見きわめなければいけないのが、「自分にとっていちばん大切なことはなにか」ということです。これには、行動を4つの領域に分ける方法が役に立ちます。

　60〜61ページの図を見てください。行動を4つに分けたものです。第Ⅰ〜Ⅳの領域は、「緊急かどうか」と「重要かどうか」の2つを基準にして分けられています。それぞれの領域について、くわしく見ていきましょう。

第Ⅰ領域

緊急であり、重要でもあること

　この領域に入る用事は、急ぎの用事として分かりやすい形で目の前にあらわれます。また、「これをやらなければまずいことになる」という重要性もそなえているので、迷わずに取りかかることができます。

　わたしたちは、第Ⅰ領域のことにはほとんど自動的に反応し、行動します。

第Ⅱ領域

緊急ではないけれど、重要なこと

　「なりたい自分」や「人生のゴール」を実現するための勉強などは、「いますぐやらなくては！」と追い立てられるようなものではありませんが、とても重要なので、この第Ⅱ領域に入ります。時間をかけて深めていきたい人間関係づくりや、体力づくり、力を回復させるための休息なども、ここに入ります。

すぐに結果が出るものではありません。でも、あなたの将来をよりよいものにしてくれます。

第Ⅲ領域

緊急ではあるけれど、重要ではないこと

自分の用事よりも、だれかに頼まれたり、急に誘われたりした用事が多く入ります。「いますぐ」を求められますが、人生のゴールを意識しながら見ると、じつはそれほど重要ではありません。

第Ⅳ領域

緊急でも重要でもないこと

ここには、ひまつぶしのおしゃべりや、だらだらと見続けてしまうテレビ、ゲームなどが入ります。いますぐやる必要もなければ、やったからといって「なりたい自分」「人生のゴール」に近づけるわけでもありません。

あなたも、自分のやるべきこと・やりたいことを書き出して、4つの領域に仕分けしてみてください。そして、自分にとっていちばん大切なことはどの領域に入っているか、考えてみてください。

重要

第Ⅰ領域

- 期限のある仕事
- 大切な人との約束
- 差し迫った問題への対応
- ケガや病気の治療

第Ⅲ領域

重要でない

- 急に頼まれた雑用
- つきあいのための、
  意味のない食事
- 突然の来客対応

第Ⅱ領域

- 自分の将来について考える
- ステップアップのための勉強
- 重要な人との関係づくり
- 体調管理（食事、睡眠など）

第Ⅳ領域

- ひまつぶしのゲーム
- 友達とのおしゃべり
- 意味のない長電話や
  メールのやりとり

▶「第Ⅱ領域」を大切にする

　いちばん大切なことがどの領域に入っているか、分かりましたか？
そう、「**第Ⅱ領域**」です。いますぐやらなければ困るというものでも、
だれかに「早くやって！」と頼まれるようなものでもありません。でも、
「なりたい自分」「人生のゴール」に近づくために必要なのは、ここに
入っているのです。

　なかには「いやいや、それよりも急ぎの用事を片づけなくては」と考
える人もいるかもしれません。図で言うと、第Ⅰ領域や、第Ⅲ領域に当
たります。でも、急ぎの用事に追われているうちにくたびれてしまって、
結局は第Ⅱ領域をあとまわしにしたり、第Ⅳ領域に逃げ込んだりしてし
まっていないでしょうか。

　それではいつまでたってもゴールには近づけません。本当の成功を手
に入れるためには、**できるだけたくさんの「いま」を、第Ⅱ領域に注が
なくてはならないのです。**

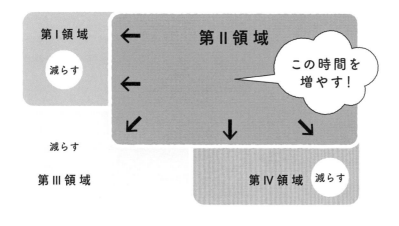

「緊急ではないけれど、重要なこと」のための時間を増やそう

▶ 必要なときには、勇気を持って「No」と言う

では、第Ⅱ領域の時間を増やすためにはどうしたらいいのか？　答えはかんたん。**ほかの領域に使っている時間を減らして、第Ⅱ領域にまわせばよいのです。**

まず減らせるのは第Ⅳ領域。緊急でも重要でもないことを減らすのは、それほど難しくないでしょう。

そのつぎに減らせるのは、第Ⅲ領域です。

「人に頼まれたり誘われたりすると、なかなか断れなくて……」とい

う人もいるでしょう。でも、引き受ける前に一時停止ボタンを押して、それは自分が引き受けるべきことなのか、考えてみてください。そして、**もし引き受けるべきでないと思ったら、ときには断ることも必要です。**

さて、ここで第1の習慣と、第2の習慣を思い出してください。

第1の習慣 "主体的である" を身につけたあなたなら、自分の行動は自分で選ぶことができるはずです。「人に頼まれたから」とだれかのせいにして、自分の時間を失ってはいけません。

第2の習慣「終わりを思い描くことから始める」を身につけたあなたなら、自分にとって大切なことと、そうでないことの区別ができるはずです。区別ができれば、断る勇気を持つのも、以前ほどは難しくありません。自分のペースで少しずつ、第III領域を減らしていきましょう。

緊急であり重要でもある第I領域は、減らすのが難しいかもしれません。でも、めざすゴールを意識しながら、主体的に行動を選ぶことができれば、第I領域の用事に振りまわされることは自然に少なくなっていくはずです。

▶「人の力を借りる」という選択肢を持つ

さらにもう1つ、覚えておいてほしいことがあります。**それは、「人の力を借りる」という選択肢がある、ということです。**

もちろん、自分でやることに価値のあることは、自分でやるべきです。このことを忘れてはいけません。でもよのなかには、自分でやる必要のない用事や、だれかの力を借りたほうがうまくいく仕事もあります。忙しくて時間がないなと思ったら、それが「自分でやることに価値のあること」か、それとも「人の力を借りたほうがよいこと」なのかを、考え

てみましょう。

　人の力を借りるときは、相手を信頼して、やり方は相手に任せるのがおすすめです。そのほうが、あれこれ細かく指図をするよりも、相手は自分の力をのびのびと発揮することができます。

▶ゆとりが生まれ、重要なことがもっと深まる

　さて、パン屋の青年も、さっそく最優先事項を確認して、やるべきことへの取り組み方を見直しました。いったいどうなったでしょうか。

Story

　青年は、ついついあとまわしにしがちな勉強を、疲れきってしまう夜ではなく、朝、仕事に行く前の体力がある時間にやることにした。そのかわり、夜は早く眠れるよう、残業を減らすことにした。自分に割り当てられた仕事や、パンづくりに関わる仕事はいままで

どおりにこなす。でも、先輩の都合で押しつけられる雑用はできる
だけ断り、ほかのこまごました仕事も優先順位をつけて整理した。

　休日は、スケジュールをつめ込みすぎず、重要なことにじっくり
取り組んだ。からだを休める時間も、十分に取るようにした。

　青年は、取り組み方にメリハリをつけることで、仕事がいままで
よりずっと充実するのを感じていた。

なにがいちばん重要かを見きわめれば、あれもこれもあせってやる必要がなくなります。そして、体力や気持ちにゆとりが生まれます。ゆとりは、自分なりの考えを持ったり、重要なことにもっと深く取り組んだりすることにつながります。とてもよい循環ですね。

第3の習慣 "最優先事項を優先する" を身につければ、この循環が自然に生まれ、あなたの毎日は大きく変わっていくはずです。

［第3の習慣　最優先事項を優先する］のポイント

☑「第Ⅱ領域」がいちばん大事

まず、やることを「緊急かどうか」「重要かどうか」の基準で4つに分けてください。「緊急ではないけれど、重要なこと」である第Ⅱ領域に入ったものが、あなたにとっていちばん大事なことです。

☑ 第Ⅱ領域を優先するための方法

第Ⅱ領域を優先するために、つぎの2つの方法を知っておきましょう。

1．必要なときには勇気を持って断る。

2．人の力を借りる。

土に根を張るための習慣と、空へ広がるための習慣

「私的成功」と「公的成功」

　右の絵を見てください。7つの習慣が、それぞれどう関わりあっているのかを、木にたとえて示したものです。

　第1〜3の習慣は、地面の下で根を張っていますね。そして、この木全体がのびのびと育つための土台となっています。人間で言うなら、**自分の内面がしっかりみがかれ、自立して生きることができる状態です。**これを、「**私的成功**」と呼びます。

　つまり、ここまでみなさんは、内面をみがき自立するための習慣を学んできたわけです。いかがですか？　私的成功を成しとげることはできたでしょうか。

　そして、これから学んでいくのが、**地面の上に姿をあらわしている幹や枝葉の部分、第4〜6の習慣です。**人間で言うなら、**社会や人間関係の部分に当たります。まわりの人たちと助けあったり力をあわせたりして、大きな成果を生む状態です。**まわりの人と力をあわせられる人は、自分の力をいっそう発揮できます。1人ではできないような大きな成果を生むことだってできます。これを、「**公的成功**」と呼びます。

　そして、これらすべてを取りまいているのが、第7の習慣です。根も枝葉も、この木全体を成長させてくれる存在です。

第7の習慣　刃を研ぐ

第6の習慣　シナジーを創り出す

第5の習慣　まず理解に徹し、そして理解される

第4の習慣　Win-Winを考える

公的成功

第3の習慣　最優先事項を優先する

第2の習慣　終わりを思い描くことから始める

第1の習慣　主体的である

私的成功

「信頼口座」に信頼をためて 人間関係を育てよう

信頼は、お金のようにためることができる

　これからいよいよ、後半戦。でもその前に、大切なことを1つお伝えしておきましょう。それは「信頼口座」です。

　「信頼を、お金みたいにためることができるの!?」とびっくりするかもしれませんね。じつは信頼は、相手の心のなかに預け入れをすることができます。信頼を預け入れるというのは、ふだんのつきあいのなかで、相手の自分への信頼感を大きくする、ということです。

信頼口座
いっぱい!

　第4〜6の習慣を身につけ、**まわりの人とよい関係をつくっていくた**めには、その場しのぎのテクニックは役に立ちません。自分と相手とのあいだに、確かな信頼関係が必要です。

　ただし、信頼口座に預けた信頼は、ちょっとした失敗で一度に大きく失ってしまうこともあります。こんなところも、お金に似ていますね。

信頼口座に預け入れがある人・ない人

　では、信頼口座に預け入れた信頼はどんなふうに役立つのでしょうか。預け入れがある人とない人では、なにがちがうのでしょう。つぎの2つの事例を見てください。

信頼口座
からっぽ…

その男の子は、いつもかならず約束の5分前に、待ちあわせの場所にやってくる。友達にも、自然と信頼されるようになっていた。
　ある日、友達と出かける約束をした男の子は、待ちあわせに2時間も遅れてしまった。
「あいつ、どんなに怒っているだろう」
　不安になりながら待ちあわせ場所につくと、友達は怒るどころか、男の子の顔を見るなり笑顔になって、言った。
「ああ、よかった！　なにかあったんじゃないかって、すごく心配したんだ」

　ある女の子は遅刻ばかりしていた。待ちあわせの場所に時間どおりにやってくることは、ほとんどないくらいだった。
　ある日、彼女は友達との待ちあわせ場所に行くとちゅうで、交通事故に遭遇した。事故でケガをした人を病院まで送り届け、やっと、待ちあわせの場所につくと、2時間もの遅刻だった。友達に事情を説明しようと口を開きかけると、友達は言った。
「また遅刻！　もうあなたとは遊ばない！」

　男の子は、ふだんから約束を守っていたので、信頼口座に預け入れがたっぷりありました。そのおかげで、約束を守れなかったときも「きっと理由があったんだな」と察してもらうことができました。
　反対に女の子は、ふだんから遅刻していたので、信頼口座への預け入れがありません。そのせいで、正当な理由があったのに、話を聞いてもらうこともできず、いきなりどなられてしまいました。

　信頼口座の預け入れを増やすためには、あなたはひとつひとつの行動や言葉に十分に注意しなくてはいけません。そうしないと、相手との関係はかんたんに壊れてしまいます。

　預け入れを増やせば増やすほど、相手のあなたへの信頼が高まります。あなたは、なにか困ったことがあったとき、相手に助けてもらったり、たりないものを補ってもらうことができます。

　信頼口座への預け入れは、人とつきあううえでの安心感になるのです。

預け入れを増やす方法

　では、信頼口座の預け入れを増やすためにどうすればよいのでしょうか？　方法は、いろいろあります。

　たとえば、相手を理解することです。相手がどんな人なのか、いまどんな気持ちなのかを理解することで、相手も「この人なら信頼してもいいかな」と思ってくれるでしょう。

　小さな気づかいも大切です。いつもと様子がちがうなと思ったら声を

かけるなど、ちょっとしたことが信頼を高めます。

　約束を守ることも、大事でしたね。1つ約束を守れば、「つぎも守ってくれる」と思ってもらえるでしょう。

　預け入れを増やす方法は、ほかにもあります。

　裏表のない態度を心がけること、いつも正直でいること、約束を守れなかったら素直にあやまること。また、一緒に1つのことに取り組もうとするときは、「自分にはこれができる」「あなたにはこれをしてほしい」というふうに、おたがいの役割や、相手に期待していることをハッキリさせておくこと。これも、信頼関係を築くうえで大切なことです。

信頼が、私的成功と公的成功をつなぐ

　だれだって、公的成功を成しとげて、1人ではできないような大きな成果を生みたいのではないでしょうか。でも、相手とのよい関係がなければ、公的成功を得ることはできません。よい関係は、信頼がなければつくることはできません。そして信頼は、第1〜3の習慣を身につけて私的成功を成しとげなければ、増やすことができません。

　大切なのは、土台からしっかり積み上げることなのです。

　さて、いよいよ後半戦スタートです。

　パン屋の青年は、私的成功を成しとげて、新しい課題に立ち向かいますが……。彼はいったいどんな公的成功をつかみ取るのでしょうか。あなたもぜひ、青年と一緒に第4〜7の習慣を身につけてください！

Win-Win を
考える

青年、新しいメニューを考える

　ある日の帰りぎわ、青年は親方に呼び止められた。そばには、同じように呼び止められた同い年の同僚も立っている。

　親方は2人に向かって言った。

「じつは、2人に新しいメニューを考えてもらいたいんだ」

「ぼくたちにですか？」

「そろそろ商品を増やしたいと思っていたんだ。2人とも熱心に勉強しているみたいだし、やってみないか？」

　青年はおどろいたが、ふだんの努力を親方に認めてもらえたようでうれしかった。

「やります！」

　2人は声をそろえて答えると、べつの日にあらためて打ちあわせをすることにして、その夜は店をあとにした。

同僚と意見がぶつかる

　数日後、青年と同僚はこれまで描きためたアイデアを持ち寄って、話しあいを始めた。

　青年は言った。

「ぼくは、自分のつくったパンを毎日笑顔で食べてもらいたいんだ。この店の新しい定番になるようなパンをめざしたい」

　そして、派手ではないけれど材料と製法にこだわった、とっておきのパンのアイデアを差し出した。

　すると同僚は言った。

「定番もいいけど、ぼくはみんながおどろくようなパンをつくりたいな。せっかくのチャンスだもの！」

　彼が見せたのは、フルーツやナッツ、色とりどりのクリームを使った、とてもはなやかなパンのアイデアだった。

　2人の思い描くパンは、まるで正反対だった。

　帰り道、青年は考えた。

「ずいぶん考えがちがったなあ。ぼくのつくりたいパンをつくるためには、彼に折れてもらうしかなさそうだ。でもどうすれば、分かってもらえるんだろう……」

相手にも、相手のめざすゴールがある

　つぎの休日、青年は老人の家を訪ねた。

「きみは、自分の考えをゆずりたくはないんだね」

「はい。ぼくは自分のめざすパンを見つけたんです。今回は、それを実現するチャンスだと思っています」

「そして、相手にも相手のめざすパンがある。そういう2人だから、親方は任せたんだね」

　青年はハッとした。自分のやりたいことに夢中で、相手にも同じ気持ちがあるということを、見落としていたのだ。

「そろそろ、つぎの習慣を教える時期が来たようだね」

　青年は、あのメモを思い出した。

> 第4の習慣　Win-Winを考える

「"**Win-Win を考える**"。いったいどういう意味なんですか？」

「Win というのは勝つという意味。Win-Win というのは、『自分の勝ち』と『相手の勝ち』をあらわしているんだ」

「相手の勝ち……」

　それから老人は、第４の習慣について話しはじめた。

人間関係には
「6つの形」がある

▶ 知らず知らずのうちに、勝ち・負けで考えている

　青年は、どちらかが意見をとおせばもう一方は折れるしかない、と考えていたようですね。こんなふうに「勝ち・負け」でとらえる感覚は、青年だけではなく、だれでも無意識のうちに持ってしまうものです。でもそれは当然のこと。あなたにもこんな経験がありませんか？

> 「お兄ちゃんはもっとうまくできたのに」
> 　こどものころ、親や先生に、自分と兄弟をくらべるようなことを言われることがあった。自分は勉強でもスポーツでも兄弟に負けている。勝つためには人より努力しないといけないと感じていた。

> 　希望の学校をめざして勉強に励んだ。合格できる人数は決まっているから、ライバルに勝つことを意識するのは当たり前のことだった。そしてその結果は、実際に、彼の将来にも大きな影響を与えた。

　上に挙げたのは、だれもがこども時代に経験する例です。こんなふうに育ったこどもたちがやがて社会に出ると、また「勝ち・負け」の経験の連続です。たとえば、自分たちが考えていた商品をほかの会社から出されたら「負けた」と思う。友達より早く出世すれば「勝った」と思う。

買ったばかりのものをべつの店で割安で見つけたら「負けた」と思う
──こんな経験の積み重ねが、勝つか負けるかだけでものごとを考える
感覚をつくってしまうのです。

▶勝ち・負けだけではない人間関係

でも、**人間関係は、自分が勝つか負けるかだけではありません。** では、
ほかにどんな関係があるのでしょうか？

人間関係には、つぎの６つの考え方があります。

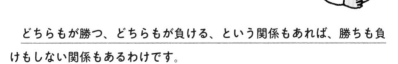

Win-Lose	自分が勝ち、相手が負ける
Lose-Win	自分が負けて、相手が勝つ
Win-Win	自分も相手も勝つ
Lose-Lose	自分も相手も負ける
Win	自分の勝ちだけを考える
Win-Win or No Deal	Win-Winにいたらなければ 取り引きしない

**どちらもが勝つ、どちらもが負ける、という関係もあれば、勝ちも負
けもしない関係もあるわけです。**

つぎのページから、それぞれをくわしく見ていきましょう。

Win-Lose

Winは勝つ、Loseは負けるという意味の言葉です。
Win-Loseは、相手を負かして
自分が勝つことが大切だ、
という考え方です。
だれかを押しのけて
自分が幸せになる、
と言いかえてもいいでしょう。

Lose-Lose

「相手を負かしたい」という気持ちが強すぎると
おちいってしまう考え方です。
相手を負かすことにとらわれて、
自分の望むものまで
見失ってしまい、
結局みんなが傷ついたり、
なにかを失ったりします。

Win-Win

自分だけでなく相手も勝つ、
あるいはどちらもが納得のいく
結果をめざす考え方です。
人生を、競争の場ではなく、
力をあわせてみんなで
幸せになっていく場と
とらえます。

Lose-Win

相手を喜ばせたり、
人に受け入れてもらうために、
自分の気持ちよりも
相手の満足を優先する
考え方です。

思いやり

Win

自分の幸せだけをめざす考え方です。
ほかの人がどうなろうと
自分には関係ない、
と考えます。

Win-Win or No Deal

No Dealは「取引をしない」という意味の言葉です。
Win-Win or No Dealは、
「Win-Winをめざすけれど、
うまくいかなければ
ひとまず見送る」
という考え方です。

自分も相手も納得できる「Win-Win」をめざそう

▶ どうしてWin-Winがいいのか

いま見てきた6つの人間関係の考え方のなかに、わたしたちがめざすべきものが1つあります。どれだか分かりますか？

Win-Lose は、相手を押しのけてでも、自分が幸せになることをめざす考え方です。でも、相手にいやな思いをさせたり、恨みや嫉妬の気持ちを生んでしまうこともあるかもしれません。

Lose-Win は、相手をいい気持ちにしたり、自分を「いい人」と思ってもらったりすることはできます。でも引きかえに、自分の望みを言うことも、それをかなえることもできません。

Lose-Lose は、言うまでもなくだれの得にもなりません。

こんなふうにどちらかが Lose になってしまう人間関係は、できるだけ避けたいものです。

5つ目の Win は、だれも Lose にはなりませんが、だれかと信頼関係をつくったり、力を貸してもらったりすることもできません。

6つ目の Win-Win or No Deal は、この章の最後でくわしく紹介しますが、「まずは Win-Win をめざす」というのが大前提の考え方です。

もう分かりましたね。そう、**めざすべきは Win-Win という考え方です。どちらかが負けたり、なにかを失ったりしなくても、わたしたちは幸せになることができるのです。**

Win-Winをかなえる条件

　Win-Winの人間関係をかなえるために必要なことを、3つ紹介しましょう。それは、「思いやり」と「勇気」、そして「豊かさマインド」です。

　もう一度、82〜83ページを見てください。たての軸が「勇気」、横の軸が「思いやり」となっていますね。相手のWinをかなえるには、相手を思いやる気持ちが不可欠です。そして、自分のWinをかなえるのに必要なのが、自分の気持ちや信念をハッキリと伝える「勇気」なのです。

　「豊かさマインド」というのは、「すべての人が幸せになれる」と心から信じる気持ちです。幸せは、受験の合格とはちがいます。「だれかが幸せになったら、そのぶんだれかが不幸になる」というものではありません。**幸せは、みんなに行き渡るだけたっぷりある。** このことを忘れずに、Win-Winをめざしていってください。

Story

　「自分も相手も納得できるパン。いったいどんなパンをつくればいいんだろう」

　青年は、何日も何日も考え続け、ついにこんなことを思いついた。

　「味は定番、でも見た目は新しい、そんなパンはどうだろう。ひと口サイズのフランスパンとか、三角形の食パンとか。お客さんは、きっとおどろくぞ。彼も、このアイデアなら納得してくれるにちがいない！」

うまくいかないときは「No Deal」を選ぶ

▶ Win-Winがうまくいかないときは

どちらもがベストを尽くして、それでもどちらかが納得できない結果になってしまいそう——そんなときに思い出してほしいのが、「**Win-Win or No Deal**」です。

これは「Win-Winをめざすけれど、うまくいかなければひとまず見送る」という考え方でしたよね。

話しあいの結果、どちらかが妥協したり、だれかがいやな思いをしたりすると、その後、関係そのものが悪くなってしまうことがあります。それよりは、「結論を出さない」ということを選んだほうがよい場合もあるのです。

> ある大工が、新しい色のペンキをいつものペンキ屋から仕入れたいと考えていた。ふだんからペンキを仕入れているペンキ屋で、信頼関係もできている。そこで、こちらの予算とペンキ屋の希望の金額について話しあうことにした。ところが、どうしてもおたがいに納得できる条件が見つけられない。大工はこう言った。
> 「今回は見送りましょう。ぜひ、またの機会に」

強引にお願いすれば、ペンキ屋は安く売ってくれたかもしれません。

でも、それではペンキ屋がむりをすることになります。また、大工もペンキ屋と長くよい関係を保てなくなります。このとき「見送る」という判断をしたことが、その後のよい関係を保ち、結果的には、Win-Winの関係につながるのです。

　話しあいをするときには、最初に「いい結論が見つからなかったら、話しあいを見送る」と約束しておくのがおすすめです。「見送ることもできる」という安心感があると、おたがいに意見が言いやすくなり、新しいアイデアも出やすくなるものです。

［第4の習慣　Win-Winを考える］のポイント

☑ **人間関係には6つの考え方がある**

　わたしたちは人間関係を、勝つか負けるかで考えてしまいがちです。でも、実際には6つの考え方があります。

☑ **Win-Winをめざさなくてはいけない**

　6つの人間関係のうちでいちばんよいのは、みんなで幸せになるWin-Winという考え方です。

☑ **Win-Winがうまくいかないときは、見送る**

　どうしてもWin-Winがうまくいかない場合は、No Deal、つまり「見送る」という形を選ぶ道もあります。

第 **5** の習慣

まず理解に徹し、
そして理解される

青年、思いを理解してもらえない

　自分も相手も納得できるアイデアを、と青年が考え出したパンは、提案してすぐにしりぞけられてしまった。同僚は言った。「そうじゃないんだ。ぼくが言った『おどろくような』というのは、ただ変わっていればいいという意味じゃないんだよ」

　それからも、2人は話しあいをくり返した。同僚は、つぎからつぎへとアイデアを出してきたが、どれも青年のつくりたいパンとはほど遠いものだった。

　話しあいは、なかなか前に進まない。

　ある日の休憩時間、青年が1人で考えごとをしていると、老人が通りかかった。

「どうやら、おたがいに納得のいくパンはまだ見つからないみたいだね」

「ええ。彼のアイデアはどれもすごいけれど、ぼくのつくりた

いものとはぜんぜんちがうんです。いくら説明しても、ぼくの
思いを理解してもらえないようで……」

「ふうむ、そうかもしれないね。ところできみは、彼の思いを
理解できているのかね？」

「ええ。みんながおどろくようなパンをつくりたいと言ってい
ます」

「それはただ、彼の言葉を耳で聞いただけじゃないかね？」

「え？　それじゃあダメなんですか？」

「うむ。そろそろつぎのステップに進もう。第5の習慣 **“まず
理解に徹し、そして理解される”** だよ」

　青年は、老人のメモをポケットから取り出した。

> 第5の習慣　まず理解に徹し、そして理解される

「きみは、相手の言葉を自分の視点でとらえてしまっているん
じゃないかね？　本当に相手の気持ちを理解するには、相手の
視点に立ってものごとをながめる必要がある」

「相手の視点に？」

「そう。それができなくては、自分のことを理解してもらうこ
とだってできないよ」

　青年はそれを聞くと、老人に向き直った。

「どういうことですか？」

「ああ、つまり……」

　老人は、第5の習慣について語りはじめた。

「聞き上手」になって
相手の本音を理解しよう

▶ ものの見方がちがうと、問題は解決できない

　分かりあえていると思っていたのに、じつは分かっていなかった（分かってもらえていなかった）……。みなさんにも、そんな経験があるのではないでしょうか。

　老人の言うように、人はみんな、それぞれちがったものの見方を持っています。だから、分からなくなってしまうのは当たり前のこと。でも、**もしもあなたが相手の見方を分からないままにしていると、その相手との関係を思うように育てることができません**。ものがたりの青年も、まさにそんな状態です。

　　先生が、2人のこどもにこう言った。
　「この動物にどんなエサをあげればいいでしょう？　相談して決めてください」
　　1人は「にんじん」と答え、もう1人は「魚」と答えた。
　　にんじんと答えたこどもは言った。

「魚なんか食べるわけないじゃないか」

　魚と答えたこどもは、「いいや、魚が好物だって、図鑑にも書いてあったよ。ぼくは、この動物がにんじんを食べるなんて、聞いたことがないな」と言った。

　2人の意見はいつまでたってもまとまらない。そこで先生はつぎの質問をした。

「2人は、この絵をなんだと思いますか？」

　2人は同時に答えた。

　Aくん「うさぎ」

　Bさん「あひる」

　このように、**ちがう見方をしている人同士では、どんなにかんたんな問題も解決することはできないのです。ですから、まずは相手の見方を理解することから始めなくてはいけません。**

▶ 言葉のおくの「本音」に耳をかたむける

　相手の見方を理解するには、まず「聞き上手」になることが大切です。聞き上手というのは、ただ相手の言葉を耳で聞く、ということではありません。**相手の置かれている状況や立場を思いやりながら、言葉のおくにある本音を理解する、ということなのです。**

　あなたは、言葉だけでなく本音に、耳をかたむけることができていますか？

「共感」しながら
相手の話を聞こう

▶ 聞く姿勢の、5つのレベル

　話を聞く姿勢には、右の図のように5つのレベルがあります。そしてほとんどの人は、レベル①〜④の聞き方で、相手の話を聞いています。

　いちばんレベルの低いレベル①の聞き方は、相手を無視して話を聞かない、というものです。

　そのつぎのレベル②は、「うんうん」と聞くフリだけしている、というもの。相手の話の内容は、まったく入ってきていません。

　レベル③は、選択的に聞く、というものです。話の一部だけをひろって、自分の目線で反応します。

　レベル④は、集中して相手の話を聞く、というものです。ほとんどの

人が、これをもっとも高いレベルの聞き方だと思っています。

　そして、この上にあるのがレベル⑤で、**相手に共感しながら聞く、というものです。相手を理解しようと、まずは相手の身になって聞いてみるのです。**自分の視点で相手の話をとらえるのと、相手の視点でとらえるのとでは、理解度がずいぶんちがってきます。

　人はだれだって、自分のことを理解してもらいたい、認めてもらいたいと思っています。ですから、自分の考え方をいったん脇に置いて、まずは相手の言葉に共感しながら聞いてください。そして、相手の気持ちを認めてあげてください。

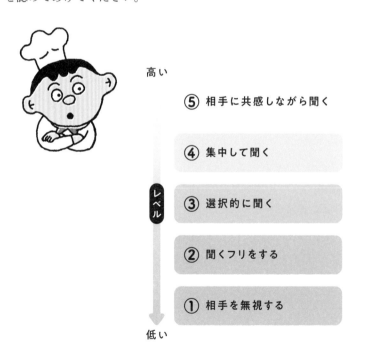

高い

⑤ 相手に共感しながら聞く

④ 集中して聞く

レベル

③ 選択的に聞く

② 聞くフリをする

① 相手を無視する

低い

▶ 4ステップで相手の心を開く

　さてここで、「共感しながら聞く」ための方法を紹介しましょう。4ステップで、相手の心に徐々に寄りそっていく聞き方です。あなたが共感していることを、きっと相手にも感じてもらえるはずです。

相手の言葉をそのまま
くり返す

　まずは、相手の言ったことをそのまま同じ言葉でくり返します。真剣に聞こうとしている姿勢が伝わります。

自分の言葉に置きかえる

　つぎに、相手の言葉を自分の言葉に変えて返します。そのまま返すよりも一歩前進。でもまだ心のなかまでは見えてきません。

ステップ３

**相手の気持ちを
言葉にする**

　相手の言葉のおくにどんな気持ちがあるのか分かってきたら、それをそのまま言葉にして返します。

ステップ４

**自分の言葉に置きかえながら
気持ちにもふれる**

　最後はステップ２と３の組みあわせです。相手の気持ちをくみ取り、それを自分の言葉に置きかえるのです。

　聞き上手になるためには、こんなふうに純粋に、相手の心に耳をすますことが大切です。相手はきっと、あなたに心を開いてくれるでしょう。

　ただし、あなたがどんなに話を聞こうとしても、相手との信頼関係がないとうまくいきません。もしも信頼関係をつくれていないと思うなら、まずは信頼貯金を増やすことを心がけましょう。

▶ついついやってしまう「自叙伝的反応」

　わたしたちがついついやってしまう「まちがった聞き方」も、紹介しておきましょう。それは、自分の過去の経験、つまり「自叙伝」を相手の話と重ねながら聞く聞き方です。相手の言葉に反応するときには、**自分の視点で「賛成する・反対する」などの評価をしたり、自分の経験をもとにアドバイスしたりしてしまいます。これを、「自叙伝的反応」と呼びます。**

　せっかく集中して相手の話を聞いていても、これでは相手の心を開くことにはつながりません。なぜなら、「相手のことを理解したい」という気持ちよりも、「自分の考えを分かってほしい」という気持ちのほうが、強く前に出てしまっているからです。

青年は、同僚を昼食に誘った。

仕事場以外で彼と話すのは、初めてのことだった。彼はふだんのなにげないできごとを、おもしろおかしく青年に話して聞かせた。

青年は、その言葉に耳をかたむけながら、彼の気持ちを想像した。「ああ、この人は、人を楽しませるのが大好きなんだ。『おどろくようなパン』と言ったのは、ただびっくりさせたいわけじゃなく、お客さんに喜んでもらいたかったんだ」

それは、自分の「毎日笑顔で食べてもらいたい」という気持ちと似ているような気がした。

「この人と一緒に、お客さんを笑顔にできる新しいパンをつくりたい！」

青年は、そんな思いを新たにした。

まず相手を理解して、
それから理解してもらう

▶信頼預金があれば、理解してもらいやすい

ここで、第４の習慣 "Win-Win を考える" を思い出してください。わたしたちは、自分も相手も、おたがいに幸せになることをめざさなく

てはいけませんでしたよね。そこで、相手を理解したら、今度は自分を理解してもらいましょう。

重要なのはこの順番です。

① 相手を理解する
② 自分を理解してもらう

なぜこの順番が重要かというと、人が「理解したい」と思うのは信頼できる人だけだからです。

4ステップで相手を理解できたいまなら、相手はあなたのことを十分に信頼してくれているはずです。そしてきっと、あなたのことを「理解したい」と思ってくれるはずです。

▶ 自分のゴールを、ほかのだれかと分かちあう

では最後に、自分のことを伝えるときのコツをお伝えしましょう。聞くことにくらべれば、とってもかんたん。それは、「**相手が理解しやすい言葉を選ぶ**」ということです。

あなたはもう、相手の感じ方・考え方を理解しています。ですから、「この人なら、この言葉をこんなふうに受け取るな」と想像できるはずです。その理解に沿って、言いたいことが伝わるように言葉を選びましょう。なにかお願いしたいことがあるときは「なにを」「いつまでに」「どれくらい」を、具体的に伝えることも大切です。

相手はもう、あなたを信頼してくれています。格好をつけたり、遠慮したりする必要はありません。

　青年は、同僚の気持ちを理解すると、つぎに自分のことを話すことにした。

　自分のこどものころの食卓の思い出、「自分のパンで、毎日家族みんなが笑顔になれる食卓をつくりたい」という夢、そして、一緒に新しいパンをつくりたいという思い──。

　話しているあいだじゅう、青年は、相手に伝わる言葉を選ぶように心がけた。

　同僚は熱心に青年の話を聞いてくれた。そして言った。

「ぼくたち正反対だと思っていたけど、お客さんを喜ばせたいという気持ちは、まったく同じだったんだね。きみが『新しい定番をつくりたい』と言った、その本当のわけが、やっと分かったよ」

　その言葉を聞いて、青年は初めて、同僚のことを頼もしいと感じた。

　青年と同僚は、おたがいのことをやっと正しく理解しあうことができたようですね。

　自分がどうしたいのか・どうなりたいのかを、ほかのだれかと分かちあうことは、とても大きな力になるのです。あなたもぜひ、自分の目標を自分だけのものにせず、だれかと分かちあってみてください。

☑️「聞き上手」になって、まずは相手を理解する

　ものの見方は人それぞれちがいます。だから、1つの問題に取り組むときには、まず相手の考え方を理解しなくてはいけません。

☑️ 4ステップで相手の心を開く

　相手の本音を理解するために、つぎの4ステップで共感しながら聞きましょう。

　①相手の言葉をそのままくり返す。

　②自分の言葉に置きかえる。

　③相手の気持ちを言葉にする。

　④自分の言葉に置きかえながら、気持ちにもふれる。

☑️ ①理解する ②理解してもらう　この順番が大切

　自分を理解してもらうためには、その前に、相手を理解して、自分を信頼してもらわなくてはいけません。

シナジーを
創り出す

青年、妥協するかどうかを考える

　新しいパンについて話しあいな
がら、青年には分かってきたこと
があった。
「お客さんに毎日喜んで食べても
らえるなら、『定番』ということ
にこだわらなくてもいいのかもし
れない」

　そして同僚も、こんなことに気
づきはじめていた。
「ぼくが『おどろかせたい』と言っ
ていたのは、お客さんに喜んでも
らいたいってことだったんだ。な
にも、おどろくようなパンじゃな
くてもいいのかもしれない」
　2人は、相手を理解しようとす
ることで、自分の気持ちを見つめ
直してもいたのだ。

　ある休日。青年は、公園のベンチで頭を抱え込んでいた。自
分と同僚、おたがいの理解は深まっても、2人ともが納得でき
るアイデアは、なかなか浮かんでこなかった。時間だけがすぎ
ていく。このままでは、妥協するしかないのかもしれない。

　そこに老人が通りかかった。

「やあ、その後、調子はどうだい？」

「ええ、それが……」

　青年は状況を説明した。

「なるほど。妥協してしまったら、納得できない気持ちを抱えてしまうかもしれないね」

　また頭を抱え込む青年を見て、老人はほほえんだ。

「いまのきみなら、もう第6の習慣を理解できそうだね。シナジーだって、創り出せるかもしれないな」

　老人の言葉を聞いて、青年の頭のなかに、あのメモの文字がパッと浮かんだ。

第6の習慣　シナジーを創り出す

「**"シナジーを創り出す"**、ですね？」

「そのとおり！」

「シナジーって、いったいなんなんですか？」

「1人で考え込まないで、相手と力をあわせること。そうすることで、いままで考えもしなかったような大きなアイデアを生み出すことだよ」

「考えもしなかったような……？　本当にそうできたらなあ」

「できるさ！　きみたちは信頼しあっているし、理解しあえてもいる。シナジーを創り出す準備はもうできているんだよ」

　老人は、第6の習慣について、青年に話しはじめた。

シナジーを創り出して
「第3の案」を見つける

▶相手と意見がちがうときは、新しい答えを探す

　ものがたりの青年は、相手とどう折りあいをつけるべきか、悩んでいるようですね。ほかの人と意見がちがうときに、自分が遠慮して丸く収めようとするのは、よくあることです。これは、意見のちがう相手となんとか落としどころを見つけるために妥協している状態です。

　でも、もしあなたがいつもそうしているとしたら、少しもったいないかもしれません。なぜなら、**相手と意見がちがうときこそ「シナジー」、つまり相乗効果を創り出すチャンスだからです。**

　さて、シナジーとはいったいなんでしょうか。

　下の図を見てください。2つの大きな三角が重なっていますね。この2つの三角形が、自分と相手の意見をあらわしています。そして、2つの三角形が重なってできた青い部分が「妥協」を示しています。

　つまりこれは、「相手の意見と自分の意見がちがうとき、2人の意見

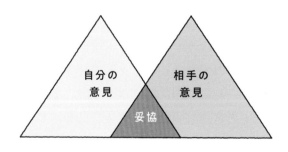

になんとか共通の部分を見つけ出して、Win-Win にこぎつけた」という
状態です。

つぎに見てもらいたいのが、下の図です。

**2人の意見のどこかに答えを探すのではなく、どちらの意見にもな
かった新しいところに、「第3の案」を見つけ出しています。こうして
予想もしていなかったような成果を出すこと、それがシナジーです。**

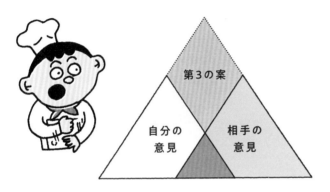

シナジーは、2人の意見がちがうからこそ創り出すことができます。
それぞれの意見を理解しあって、視野を大きく持つことで、それまで考
えたことのなかった新しいものが生まれます。1＋1が、3にも4にも
なるのです。

ある2人の女性が、友達の誕生日の贈りものをなににするか、話
しあっている。
「お祝いには、やっぱり花束がいいと思う」
「でも、形の残るもののほうがいいんじゃない？」
2人は時間をかけて話しあい、そして思いついた。

「そうだ、プリザーブドフラワーにしよう！」

　生花に特殊な加工をすることで美しさを保つというプリザーブドフラワーを、2人とも手にしたことがなかったので、気に入ってくれるかどうか、最初は少し不安だった。でも、友達はその贈りものをとても喜び、ずっと大切にしてくれた。

　シナジーを創り出すには勇気が必要です。なぜならそれは、自分にとっても相手にとっても、未知の世界に一歩踏み出すことだからです。そこには失敗や危険がひそんでいるかもしれません。でも、大きな成功を手にするために、勇気を出して行動に移す必要があるのです。

　こんなときに役に立つのが、ここまで身につけてきた第1〜5の習慣です。ブレない自分があり、まわりの人との信頼関係も築けていること。**シナジーを創り出せるかどうかは、ほかのすべての習慣を身につけることができているかどうかにかかっているのです。**

▶ シナジーを創り出すコミュニケーション

さて、ここで知っておいてほしいことがあります。それは、**シナジーを創り出すためには、高いレベルのコミュニケーションを取らなくてはいけない**、ということです。

コミュニケーションのレベルは、全部で3つあります。くわしく見ていきましょう。

レベル1 防衛的なコミュニケーション

いちばんレベルが低いのは、相手をあまり信頼できていないコミュニケーションです。相手を信頼できないので、自分に不利益なことが起きないように、用心しながら言葉を選ぶことになります。

これでは、たいてい Win-Lose か Lose-Win のどちらかになってしまいます。

レベル2 尊重的なコミュニケーション

つぎのレベルが、相手の意見は尊重するけれど、自分の意見はハッキリ言わないコミュニケーションです。

ぶつかるのを避けることはできるかもしれません。でも、自分の考えを相手に伝えないので、シナジーを創り出

すこともありません。Lose-Win か、よくても妥協の Win-Win でとどまってしまいます。

レベル3　シナジー的なコミュニケーション

　そして、いちばんレベルが高いのが、みんなが自分の意見を言いあえるコミュニケーションです。おたがいの意見を歓迎する雰囲気があって、みんなが自由に発言でき、力をあわせて第3の案を探すことができます。

　これらの3つをグラフにしたのが111ページの図です。

　たての軸に「信頼」、横の軸に「協力」という言葉がありますね。**おたがいに信頼しあい、協力しあうほど、コミュニケーションのレベルが高くなっていく、というわけです。**

　そして、シナジーを創り出せるのは、レベルの高いコミュニケーションで、おたがいにのびのびと発言し、力をあわせることができたときだけなのです。

　ある日の夜、店を閉めたあと、2人は最初の思い込みを捨てて、もう一度、ゼロから考え直すことにした。

「お客さんに喜んでもらえるパン」と、2人は考えた。

「それも、毎日喜んでもらえて……」青年が言うと、

「できればちょっとしたおどろきも……」同僚も言った。

　しばらく考えたあと、青年は、アッと言って目をかがやかせた。

「『中身を選べるコッペパン』っていうのはどう？　コッペパンって、なにか挟んで食べることがあるよね。その中身をたくさん用意して、お客さんに自由に選んでもらうんだよ」

「うわあ、それいいね！　そうだな、色とりどりのクリームや、フルーツを並べよう。たまごサラダなんかもいいな」

「それなら毎日選べる喜びがある！」

「種類がたくさんあっておどろきも入ってる！」

　翌日親方に提案すると、すぐにOKが出た。2人はさっそく試作に取りかかった。

2人は、相手の意見を尊重しながら心を開いて話しあうことで、これまでまったく想像もしていなかったアイデアを生み出すことができたのです。

うまくいかないときは「抑止力」を取り除く

▶ シナジーをじゃましているものを突き止める

「こんな相手じゃ、シナジーを創り出すのは難しい」
「とても自由に発言できる雰囲気じゃないぞ」
　自分がシナジーを望んでいても、こんなふうに、あきらめてしまおうかと思うこともあるでしょう。これは、あなたの「もっとよい結果を出したい」と成長を望む気持ちに対して、なにかがじゃまをして、押さえ

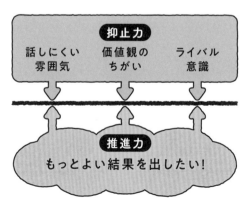

つけている状態です。

　そこで、**まずこの抑止力、つまりコミュニケーションのじゃまをしているものがなんなのかを突き止めましょう。**

▶すべての習慣を利用してシナジーを創り出す

　抑止力を突き止めてシナジーを創り出すには、これまで身につけたすべての習慣をチェックし直すことが大切です。

□ **第１の習慣　主体的である**

　まわりに流されない、主体的な自分をつくれていますか？

□ **第２の習慣　終わりを思い描くことから始める**

　自分の求めるものを見すえることができていますか？

□ **第３の習慣　最優先事項を優先する**

　重要なことに十分時間をさいて、行動できていますか？

□ **第４の習慣　Win-Winを考える**

　相手の望みと自分の望みをおたがいに共有し、両方をかなえようと努力できていますか？

□ **第５の習慣　まず理解に徹し、そして理解される**

　聞き上手になって、しっかりと相手の本音を理解しましたか？

これらをひとつひとつチェックして、しっかりと積み上げれば、わたしたちはきっとシナジーを創り出すことができるはずです。

　世界には、自分の意見とそれ以外の意見しかありません。言いかえれば、シナジーを創り出すチャンスにあふれているのです。

　どちらかの意見にもう一方の意見を押し込めようとしても、決してシナジーは創り出せません。ぜひ、意見がちがうことを喜んで受け入れ、自由な発想で第3の案を探してください。第3の案が見つかったら、勇気を出して行動してください。

［第6の習慣　シナジーを創り出す］のポイント

☑ 意見のちがいを尊重して、「第3の案」を探す

　相手と意見がちがうとき、おたがいの意見を理解しあうことで、いままで考えたこともないアイデア、つまり第3の案を見つけ出すことができます。このようにして大きな成果を出すことを、シナジーと言います。

☑ うまくいかないときは、「抑止力」を取り除く

　うまくシナジーを創り出せないときは、なにが抑止力になっているか突き止め、取り除かなくてはいけません。抑止力は、これまで身につけたすべての習慣を見直すことで、突き止めることができます。

第 **7** の習慣

刃を研ぐ

青年、旅立ちを決意する

　数か月後。青年と同僚が考え出した「中身を選べるコッペパン」は村じゅうの話題になり、店の看板メニューとして育っていった。

　このメニューが成功したことで、ほかの職人たちも活気づいた。「いつか自分のアイデアが人気商品になるかもしれない」——そんな気持ちが、職人のやる気につながったのだ。

　その輪の中心にいる青年を、親方はいつの間にか、頼もしく感じるようになっていた。

　そんなある日、青年は親方に1つの夢を打ち明けた。

「じつはぼく、いつか外の世界へ修行に出てみたいと考えています。広い世界で、自分の腕をみがきたいんです」

　いま青年が店を抜けるのは惜しい。親方は最初とまどったが、青年の思いを理解し、修行先を見つけてくれた。旅立ちは、春と決まった。

　青年は、さっそくこのことを老人に報告した。

「よく決めたね」

老人は、青年の肩をたたいて喜んでくれた。

「きみはしっかり自分の内面をみがき、店の仲間ともうまくやれるようになった。そして自分の力で、つぎの一歩を踏み出そうとしているんだね」

「ありがとうございます。あなたのおかげです。――でも、まだ教わってない習慣が、1つ残っていますよね」

青年はポケットからあのメモを取り出した。

> 第7の習慣　刃を研ぐ

「旅立つ前に、教えていただけますか？」

「もちろんさ」

老人は、うれしそうにうなずいた。

「第7の習慣は"**刃を研ぐ**"。きみが、これからずっと成長し続けるための習慣だよ」

2人はさっそく、最後のレッスンに取りかかった。

自分をみがいて
レベルアップを続けよう

▶ 自分という道具を手入れする

　ものがたりの青年は、第1〜6の習慣を身につけて、私的成功と公的成功を手にすることができたようですね。でも、まだ終わりではありません。

　自分を道具だと考えてみてください。道具は、手入れをしなければ、すぐにさびて、切れ味が悪くなってしまいます。でも、手入れをしながら使い続けると、よい仕事を効率よく進めるための、強い味方になってくれます。人間も同じです。**できるだけ効率よく、大きな成果を上げたいのなら、日々、自分という道具を研いで、切れ味をよくしておくことが大切なのです。**

　第7の習慣 "刃を研ぐ" は、そんなふうに、自分という道具をみがき上げていくための習慣です。そして、第7の習慣を身につけることは、第1〜6の習慣をレベルアップさせることにもつながります。

▶ 人を形づくる4つの要素

　では、具体的になにをすればよいのでしょうか？

　わたしたちは、「**からだ**」「**心**」「**知性**」「**人間関係**」の**4つの要素**で形づくられています。ですから、この4つを、ふだんからバランスよくみが

第7の習慣 **刃を研ぐ**

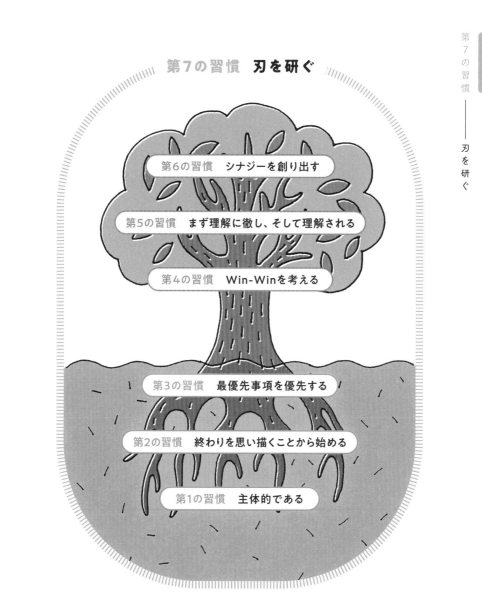

第6の習慣　シナジーを創り出す

第5の習慣　まず理解に徹し、そして理解される

第4の習慣　Win-Winを考える

第3の習慣　最優先事項を優先する

第2の習慣　終わりを思い描くことから始める

第1の習慣　主体的である

いてください。その方法を、つぎに紹介します。

　この4つの要素は、第1～6の習慣とも深く関わっています。どの要素がどの習慣とつながっているのかも、一緒に見ていきましょう。

❶からだをみがく

　すこやかなからだを保つことの大切さは、わざわざここで説明するまでもありませんね。**からだによいものを食べ、きちんと休みを取り、定期的に運動する**ことで初めて、わたしたちのからだと頭はよい働きをし続けてくれます。

　からだを動かすのは、最初は「いやだな」「めんどくさいな」と思うかもしれません。そんなときは、第1の習慣で身につけた主体性を発揮してください。もしも「走るぞ！」と決めた日に雨が降って「いやだな」という気分に負けそうになったら、「からだだけじゃなく、主体性も強くするんだ！」という気持ちで、思いきって外へ出る。そんなふうにして習慣にしてしまえば、めんどくさいと思うこともなくなります。

第1の習慣　主体的である

❷心をみがく

まわりの人とぶつかったり、たくさんの仕事に追われたりしたときに、平常心を保って、冷静に行動するためには、心をみがくことが役に立ちます。

みがく方法はかんたんです。音楽を聴いたり、自然のなかでリラックスしたりして、**自分が心のおくからホッとできる時間をつくるのです。そして、心をしずめて、自分らしさを取りもどしてください。**

こういう時間を、少しでいいので毎日持つこと。そうすれば、目先の状況に振りまわされない、冷静な心を保つことができます。これは、第2の習慣で身につけた、自分の人生を引っぱっていく力を、レベルアップさせることにもつながります。

■第2の習慣　終わりを思い描くことから始める

❸知性をみがく

知性をみがくというのは、**知識を増やしたり、いろいろなことを経験したりして、自分で考える力をつけるということです。**

学校を卒業して社会に出てしまうと、勉強をする時間は自動的に減ってしまいます。ですから、本を読んだり、自分の考えや体験などを文章にする習慣を、自分で身につけてください。

大切なのは、よのなかにあるさまざまな考え方を知り、知識を増やし

て、自分の考え方を客観的に
とらえ直すことです。

　これは、第3の習慣を深め
ることにつながります。知性
をみがくことで、自分がなに
を優先して、どう取り組めば
よいのか、自分の第Ⅱ領域が
よく見えてくるのです。

■**第3の習慣　最優先事項を優先する**

❹人間関係をみがく

　人間関係をみがく、というのは、**まわりの人と上手につきあえるよう
になる、ということです。これは、自分自身がよい感情を保つこととも
深く結びついています。**感情はいつも、人との関係のなかで、生まれた
り動いたりするからです。そしてさらに、まわりの人たちとの信頼関係
を深めることにもつながります。

　では、どうやって人間関係をみがけばよいでしょうか。

　そのためにわざわざ時間をつくる必要はありません。ふだんの生活で
人と関わるときに、これまでに学んだ第4～6の習慣を、意識的に使っ
てみてください。

　たとえば、相手と意見がちがうときには、どちらもが納得できる方法
を見つけられるように努力しましょう。相手の意見を聞くときは、共感
しながら聞くことを心がけます。相手の身になってじっくり聞いたあと
は、自分の考えも分かりやすく説明してください。そして最後に、みん
なで力をあわせてシナジーを創り出すのです。

最初はちょっと難しいかもしれませんが、うまくいったり、失敗したりしながら、少しずつ、自然にできるようになっていきます。

▊第4の習慣　Win-Winを考える

▊第5の習慣　まず理解に徹し、そして理解される

▊第6の習慣　シナジーを創り出す

▶ 4つの側面のバランスを考える

124ページの図を見てください。人を形づくる4つの要素は、こんなふうにそれぞれが助けあっています。

からだをみがけば、それは心や知性、人間関係にもよい影響を与えます。心をみがけば、それはからだ、知性、人間関係をみがくことにもつながります。それぞれが、全体を引き上げているわけです。

逆に、どれか1つが欠けてしまうと、全体を引き下げます。たとえば体力が落ちると、心はグラつきやすくなり、勉強や思考に必要な集中力

も落ちます。人間関係だって、元気に動けるほうが深めやすいですよね。

　ぜひ、4つの側面をバランスよくみがいていってください。

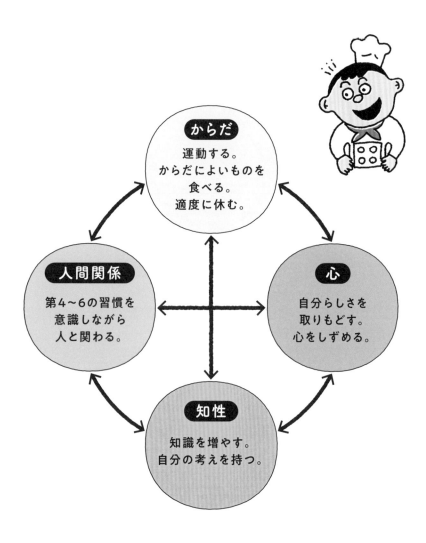

未来の自分に「投資する」と考える

▶自分は「資産」、時間は「投資」

「こんな夢をかなえたい」

「立派な仕事を成しとげたい」

みなさんには、それぞれ望む結果がありますよね。そして、その望みを達成できるかどうかは、自分という道具の切れ味にかかっています。望む結果を手に入れたいなら、いま紹介した4つの側面をみがき、自分をレベルアップしていかなくてはいけません。

これは、**緊急ではないけれど重要な、第Ⅱ領域のことがらです。そのために時間をかけ、エネルギーを注ぐ必要があります。言いかえると、自分の能力という「資産」に、時間やエネルギーなどを「投資」する、ということです。**

▶いちばん確実に・大きな効果が出る投資

ところが、ほとんどの人は、結果ばかりにとらわれて、「早く結果を出したい！」とあせるあまり、自分の能力をみがくことをあとまわしにしてしまっています。

これは、切れ味の悪いのこぎりを必死に動かして、大木を切り倒そうとしているようなもの。時間がかかるばかりで、いつまでも大木を切り

倒すことはできません。

　本当に大木を切り倒したいのなら、まずはそれを達成するためにどんな道具が必要なのか、どうすればその道具を手に入れることができるのか、長い目で見て考えなくてはいけません。

　そうすれば、切れ味の悪いのこぎりを必死で動かすことが、時間のむだだと分かるでしょう。まずは"刃を研ぐ"ことが大切なのだと。

　あなたが望む結果を手にしたいと思うのなら、ぜひ、つぎのように考えるクセをつけてください。

「自分が望む結果はどれくらいの大きさだろう」
「そのためには、どれくらいの投資が必要だろう」

　投資というと、よのなかには「新しい事業への投資」とか、「株式投資」とか、いろんな形の投資がありますよね。でも、**自分という資産に対する投資ほど、確実で、大きな効果が望める投資はありません。**

　"刃を研ぐ"ことは、自分の人生に対してできる、いちばんよい投資です。このことを忘れずに、くり返し自分をみがいて、レベルアップを続けていってください！

［第7の習慣　刃を研ぐ］のポイント

☑ 4つの要素をみがいて、レベルアップする

人は「からだ」「心」「知性」「人間関係」の4つの要素で形づくられています。これらをバランスよくみがくことが、第1〜6の習慣をレベルアップさせることにつながります。

☑ 自分という「資産」に「投資する」と考える

望む結果を手に入れたければ、それに見あう投資が必要です。時間をかけて刃を研ぐことは、つまり、自分の未来に投資する、ということです。

青年、村に帰る

　村の外ですごした5年のあいだに、青年は何度も新しい壁に
ぶつかった。それはいつも、いままでにないほど高く分厚い壁
だった。でもそのたびに、身につけた"7つの習慣"が、青年
を助けてくれた。

　青年は、修行先の店でリーダーとなり、新しいパンをいくつ
も生み出した。青年の活躍のうわさは、村まで届くほどだった。

　そしてある日、青年は村へ帰ってきた。

　店のドアを開けると、親方がびっくりして声を上げた。

「おまえ、帰ってきたのか！」

「ごぶさたしています。いま、帰りました」

　親方の声を聞いて、職人たちが厨房から顔を出した。みんな
うれしそうに青年を迎えてくれた。

　そこに、あの老人がやってきた。

「いやあ、帰ってきたんだね！　わしが生きているうちに帰っ

てきてくれるとは。おかえり」

その顔は、かつて、青年が悩みにぶつかるたびに受け止めて
くれた、なつかしい笑顔だった。

「はい。ただいま帰りました」

「どんなパンをつくってもらえるのか、楽しみだよ」

老人がそう言うと、親方も言った。

「今度は、おまえの学んできたことをわたしに教えてくれ。この
村の食卓を、毎日笑顔でいっぱいにしようじゃないか」

店は少し小さくなったように感じたけれど、親方も老人も、
そして職人たちの活気も、村の人々も……5年前と少しも変
わっていなかった。

なつかしい人々の顔を見ながら、青年は思った。

（やっぱりぼくは、この村でパンを焼きたい。毎日、この人た
ちの笑顔をつくっていきたい）

青年が胸のなかに描く「人生のゴール」は、5年前と変わら
ない。でも、その思いは、5年前よりずっと強くなっていた。

覚えておきたい！
『７つの習慣』キーワード集

本書では、原書『７つの習慣』で使われている
重要なキーワードをそのまま使用しています。
これらのキーワードは、"７つの習慣"を自分のものにするための、
まさに「カギ」となるものです。
最後にしっかり復習しておきましょう。

用語	解説	ページ
パラダイム	経験や知識によってつくられた「ものの見方」のこと。それぞれの経験・知識でつくられるため、ひとりひとりにちがった見方がある。	018
パラダイムシフト	パラダイム（ものの見方）を変えること。パラダイムシフトを起こすことにより、判断や行動が変わり、その結果、大きな変化を引き寄せてくれる。	019
原則	「誠実」「公正」「貢献」「可能性」「成長」など、人がもともと「こうありたい」と願っている自然な望み。パラダイムシフトを起こすときに軸にするべきもの。	021,049

用語	解説	ページ
インサイド・アウト	自分の内側からパラダイムシフトを起こすこと。わたしたちは、環境やまわりの人を変えることはできないが、自分が変わることで、環境やまわりの人に影響を与えることはできる。	023
反応的な行動	刺激を受けたあと、無意識のうちにそのまま取る行動。	030
主体的な行動	刺激を受けたあと、考える時間を取って、自分の意思で選んだ行動。	030
関心の輪	関心のあることがらを囲んだ輪。	035
影響の輪	「関心の輪」のなかにあることがらのうち、自分が影響を与えることができることだけを囲んだ、ひとまわり小さな輪。	035
ミッション・ステートメント	自分が思い描いた「どういう人生にしたいのか」「どんな自分になりたいのか」というゴールを宣言した文書のこと。	050
第II領域	緊急ではないけれど、重要な用事の総称。「人生のゴール」「なりたい自分」を実現するための活動、人間関係づくり、体力づくり、休息などが当てはまる。	058

用語	解説	ページ
私的成功	自分の内面がしっかりみがかれ、自立して生きることができる状態。第1～3の習慣を身につけることで、成しとげられる。	068
公的成功	まわりの人たちと助けあったり力をあわせたりして、大きな成果を生むことができる状態。第4～6の習慣を身につけることで、成しとげられる。	068
信頼口座	「信頼」を、お金のように、相手の心のなかにたくわえること。信頼口座に預け入れが多いと、人とつきあううえでの安心感にもなる。	070
Win-Win	「自分だけでなく相手も勝つ、あるいはどちらもが納得のいく結果をめざす」という考え方。人生を、力をあわせてみんなで幸せになっていく場ととらえる。	081
Win-Win or No Deal	「Win-Winをめざすけれど、うまくいかなければひとまず見送る」という考え方。	081
豊かさマインド	「すべての人が幸せになれる」「幸せは、みんなに行き渡るだけたっぷりある」と心から信じる気持ち。	086

用語	解説	ページ
自叙伝的反応	自分の過去の経験、つまり「自叙伝」を相手の話と重ねながら聞く聞き方。自分の視点で「賛成する・反対する」などの評価をしたり、自分の経験をもとにアドバイスしたりしてしまうため、相手の心を開くことはできず、相手の考え方を本当に理解することもできない。	098
シナジー	相手と意見がちがうとき、妥協して折りあいをつけるのではなく、どちらの意見にもなかった新しい案を見つけ出して、予想もしていなかったような成果を出すこと。	106
抑止力	シナジーを創り出すことのじゃまをしているもの。	112
資産	いま自分が持っている財産。本書では「自分自身」、つまりめざす結果を生み出すための自分という道具やその能力のこと。	125
投資	自分の価値を高めるために、時間やエネルギーを注ぐこと。	125

おわりに

　"７つの習慣"をすべて学び終えましたね、いかがでしたか？

　パン屋の青年は、老人と出会い、"７つの習慣"を１つずつ教わり、それらすべてをしっかりと身につけることで、大きな成長をとげることができました。

　本書を最後まで読み終えたみなさんは、"７つの習慣"が本当の成功を手に入れる助けになるということを、よく理解していただけたのではないでしょうか。

　しかし、それだけではいけません。もしもあなたが"７つの習慣"を本当に自分のものにしたいと思うなら、実際に実践してみることが必要不可欠なのです。

　頭で理解するのと、実際にやってみるとでは、ずいぶんちがいます。いざ実践してみると、思わぬ壁にぶつかることもあるかもしれません。そんなときはくじけずに、本書を読み返してみてください。つまずいている原因がきっと見つかります。

　そして、"７つの習慣"を自分のものにできたという人にぜひおすす

めしたいのは、本書を定期的に読み返すことです。"7つの習慣"を身につけ、一段成長した自分になって向きあい直すことで、同じ本のなかにも、新しい発見をすることができるでしょう。

　生涯を通じて、本書と向きあい、7つの習慣をじっくり深めていってほしいのです。

　コヴィー氏は、こう言っています。

**　一歩ずつ進んでいけば、結果はかならずついてくる。（中略）**
**　本当の成長の喜びを実感できるようになる。**
**　そしていつかかならず、矛盾のない効果的な生き方という**
**　最高の果実を味わえるのである。**

　7つの習慣によって、あなたが本当の成功を手に入れることを、心から願っています。

『7つの習慣』編集部

スティーブン・R・コヴィー（Stephen R. Covey）

世界でもっとも影響力のあるビジネス思想家であり、リーダーシップ論の権威。世界各国の政府や企業のリーダーに向けコンサルティング活動を展開するほか、家族問題のエキスパート、教育者としても活躍。その影響力は国際的に高く評価されている。1989年に発行された著書『7つの習慣』は40か国語に翻訳され、4000万部を記録。20世紀にもっとも影響を与えたビジネス書とも言われている。このほか、『第8の習慣』『第3の案』などベストセラー多数。2012年7月、79歳で永眠。

「7つの習慣」編集部

キングベアー出版（FCEパブリッシング）内にある編集部。スティーブン・R・コヴィー氏による『7つの習慣』の日本語版の編集を手がける。その後、同書で提唱されている、自分の運命を自分で切り開くための方法を広く伝えるため、『第8の習慣』『7つの習慣ティーンズ』『ぼくに7つの習慣を教えてよ！』等を手がける。

- 装画・本文イラスト　大西洋
- ブックデザイン　　　藤塚尚子（e to kumi）
- 企画・編集　　　　　日本図書センター
- 編集協力　　　　　　川合拓郎

13歳から分かる！7つの習慣
自分を変えるレッスン

2020年 6 月15日　初版第 1 刷発行
2023年 5 月25日　初版第 8 刷発行

監　修　「7つの習慣」編集部
発行者　高野総太
発行所　株式会社日本図書センター
　　　　〒112-0012　東京都文京区大塚3-8-2
　　　　電話　営業部　03-3947-9387
　　　　　　　出版部　03-3945-6448
　　　　http://www.nihontosho.co.jp
印刷・製本　図書印刷 株式会社